松林光男｜審閱　　　川上正伸、新堀克美、竹內芳久｜編著　　　翁碧惠｜譯

圖解

智慧工廠

IoT、AI、RPA如何改變製造業

イラスト図解
スマート工場
のしくみ
IoT、AI、RPAで変わるモノづくり

"IRASUTO ZUKAI SMART KOJO NO SHIKUMI"
supervised by Mitsuo Matsubayashi, written and edited by Masanobu Kawakami, Katsumi Niihori, Yoshihisa Takeuchi.

經營管理 162

圖解智慧工廠：

IoT、AI、RPA 如何改變製造業

審　　　　閱 —— 松林光男
編　　　　著 —— 川上正伸、新堀克美、竹內芳久
譯　　　者 —— 翁碧惠
封 面 設 計 —— 陳文德
內 文 排 版 —— 薛美惠
企 畫 選 書 人 —— 文及元
責 任 編 輯 —— 文及元
行 銷 業 務 —— 劉順眾、顏宏紋、李君宜

總 編 輯 —— 林博華
發 行 人 —— 涂玉雲
出　　　版 —— 經濟新潮社
　　　　　　104 台北市民生東路二段 141 號 5 樓
　　　　　　電話：(02)2500-7696 傳真：(02)2500-1955
　　　　　　經濟新潮社部落格：http://ecocite.pixnet.net

發　　　行 —— 英屬蓋曼群島商家庭傳媒股分有限公司城邦分公司
　　　　　　台北市中山區民生東路二段 141 號 11 樓
　　　　　　客服服務專線：02-25007718；25007719
　　　　　　24 小時傳真專線：02-25001990；25001991
　　　　　　服務時間：週一至週五上午 09：30-12：00；下午 13：30-17：00
　　　　　　畫撥帳號：19863813；戶名：書虫股分有限公司
　　　　　　讀者服務信箱：service@readingclub.com.tw

香港發行所 —— 城邦（香港）出版集團有限公司
　　　　　　香港灣仔駱克道 193 號東超商業中心 1 樓
　　　　　　電話：25086231 傳真：25789337
　　　　　　E-mail：hkcite@biznetvigator.com

馬新發行所 —— 城邦（馬新）出版集團 Cite (M) Sdn. Bhd. (458372 U)
　　　　　　41, Jalan Radin Anum, Bandar Baru Sri Petaling,
　　　　　　57000 Kuala Lumpur, Malaysia.
　　　　　　電話：(603) 90578822 傳真：(603) 90576622
　　　　　　E-mail：cite@cite.com.my

印　　　刷 —— 漾格科技股分有限公司
初 版 一 刷 —— 2020 年 5 月 7 日
初 版 三 刷 —— 2020 年 7 月 15 日
ISBN：978-986-98680-3-7　　版權所有・翻印必究

售價：420 元　　　　　　Printed in Taiwan

前言

為什麼現在就必須具備智慧工廠的知識？

　　本書是發行以來深受好評《圖解工廠的構造與管理》（『〈イラスト図解〉工場のしくみ』；按：繁體中文版由世茂出版）的後續版本。近年來，製造業的生產環境有了巨變。特別值得一提的有以下二項：

　　一是海外人力成本的增加，以至於重新評估海外工廠投資優劣的聲量愈來愈高；二是工廠技術中 IT、IoT、AI 和 RPA 等技術的普及和變化。也就是說藉由方法降低生產成本，如工廠稼動狀況的「可視化」、機器設備故障的預測、降低不良率提高生產等，加速了 IoT 和 AI 的應用與發展。

　　在前一本《圖解工廠的構造與管理》書中，我們解釋了工廠的整體運作以及製造業的總體結構，而在這本《圖解智慧工廠》書中，我們則針對目前製造業所面臨運用 IT、IoT、AI 和 RPA 的主要課題，以淺白易懂的方式加以說明。希望藉由這樣的說明，讓在製造業及 IT 產業中工作的朋友們更加了解智慧工廠的重要和相關知識，這也是筆者撰寫本文主要動機。

了解世界的製造業、學習先進的應用案例

　　針對在全世界拓展事業的日本製造業界的朋友，本書列舉了多個美國製造業的全球先進 IT 案例。如果您是想了解工廠及製造業的運作，希望更了解製造業中 IT、IoT、AI 和 RPA 的實際操作，建議您閱讀《圖解工廠的構造與管理》之後再閱讀本書。

　　對於製造業而言，以下三項認知是非常重要的。

① **提高公司績效**：對工廠而言，Q（Quality：品質／質量）、C（Cost：成本）和 D（Delivery：交貨日期）是主要的管理項目。

② **提高產品及服務的附加價值**：提高效能以及提升使用者的便利性等。

③ **開創新的業務**：例如活用智慧工廠的運作（系統）、開發新系統，進而對外銷售此開發的系統等。

　　在執筆與編寫本書時，最掛念的是那些對製造業和工廠欠缺專業知識，以及沒有製造業和工廠實際經驗的學生，還有工作上與製造業相關連的社會人士，筆者希望他們一定要先了解「製造業」的重要性和「先進工廠的結構」等

基本知識。為什麼會這樣說呢？筆者是基於以下二項考量。

第一，製造業是我國（日本）重要的基幹產業，有許多學生對製造業產生興趣，所以我希望這些學子們對於製造業的重要，以及自己的工作價值能有相當的認識之後再投入工作。也期待這些學子們有了更堅定的信念之後，對我國將來製造業的發展有更大的貢獻。

第二，對於從事製造業的企業員工和專為製造業提供服務的 IT 公司從業人員們，如果他們可以因此書獲得相關「工廠的 IT、IoT、AI 和 RPA」的知識，如此一來，對於屬於他們客戶的製造業企業或許能夠提供更高附加價值的服務。

智慧工廠的建構

【圖表 1】是近 50 年來「工廠相關系統運用的發展、歷史與智慧工廠的定位」。

要實現智慧工廠的運用，我們建議從物料清單（BOM，Bill of Material）和物料需求計畫（MRP，Material Requirement Planning）的審查和重建開始，進而充實 IT 的應用和自動化，之後評估進度朝向逐步落實。

✿【圖表 1】近 50 年來工廠發展

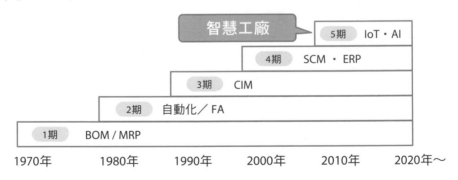

如果這本書能對閱讀的讀者和讀者們所任職的公司盡個人的綿薄之力，對於筆者而言也是人生一大樂事。最後謹祝讀者們事事順利、鴻圖大展！

2018 年 7 月　　松林 光男

圖解智慧工廠
IoT、AI、RPA 如何改變製造業

目錄

第1章

工廠經營與
生產製造的運作

第2章

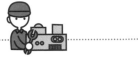

產品資訊及資訊系統是
工廠業務的基石

第 **3** 章

最新供應鏈的完整說明

第4章
支援生產製造的重要功能及
全球最新大小事

工廠 IoT 的運用

第7章
製造業生存法則的全球策略

日文版封面設計：戶塚みゆき（ISSHIKI）
日文版內頁設計：川野有佐（ISSHIKI）

第 **1** 章

工廠經營
與生產製造的運作

工廠的基礎就是 QCD 管理

工廠並不是僅僅只是生產製造

在工廠生產活動中，如果發生了不良品、價格不實在、甚至不能如期交貨、交貨數量不實等，都容易造成客戶失去對產品的信任，甚至於可能自此不再有訂單。 也正因為如此，生產管理就相對顯得重要，目的就是希望生產管理的過程能夠依據「既定的品質／規格」（Quality）、「既定的成本」（Cost）、「既定的數量／交期」（Delivery）確實進行生產。 有效地執行「 QCD 管理」就是生產管理的目的（【圖表 2】）。 所謂的「 QCD 管理」並不是只專注於 Q、或者是只有 C 或 D 的個別項目，最重要的是 QCD 都要取得平衡而有效率的達成。

QCD 該如何管理？

在導入「品質管理」（Q）的初期，我們會藉由出貨檢查的把關，以防瑕疵品外流，而現在更精益求精的是，產品在設計及製造階段就已經受到品質製造的嚴格把關。也就是說，我們已經從**檢查排出**不良品的思維，轉而朝向**精益求精的品質製造**的想法（【圖表 3】）。

在考慮「成本管理」（C）時，我們必須要先了解，產品的成本構成必須包括「材料成本」、「人事成本」和「營業費用」等。例如，生產麵包時，材料成本就是麵粉、糖、油、雞蛋、紅豆等，人事成本就是麵包師和行政門市人員的薪資，營業費用就是店面、工廠的租金、電費、麵包烘培機器以及機器設備的折舊費用等。也就是說，產品的成本除了最重要的材料成本之外，還有人事費用和營業費用（【圖表 4】）。

「數量和交期管理」（D）是管理製造過程中很重要的部分。在即將出貨之際才發現來不及出貨或是出貨數量不足，那就為時已晚了。不是在最終的出貨階段，而是能及時掌握生產的進度，及早發現可能造成出貨的延遲或出貨數量的不足，盡力而且立即採取措施，以確保交貨日期和數量是非常重要的事情（【圖表 5】））。

✿【圖表 2】何謂 QCD 管理？

| 品質管理 Quality |
| 保證產品訂定的
品質、規格 |

| 成本管理 Cost |
| 根據產品成本進行生產 |

| 數量和交期管理 Delivery |
| 保證產品的
交期和數量 |

產品必須依照所訂的品質
和成本，依所訂的交
期、數量如期交貨

✿【圖表 3】品質管理的理念

過去

↓

1950年

↓

現在

「檢查重點主義」的品質
保證透過出貨檢查防止
不良品流出

↓

「新產品開發重點主義」
的品質保證
主張品質是致力於設計
及生產流程

品質管理開始於1950年左右，
從此品質管理有了重大的改變

✿【圖表 4】成本管理的要素

營業費用
（店鋪和工廠等
處的租金、水
電……）

材料費
（麵粉、砂糖、
油、雞蛋等）

人事費用
（麵包師傅、
行政門市人員的薪資）

✿【圖表 5】何謂數量和交期管理？

| 出貨流程的交期管理 | → | 生產進度管理 |

即使發現交期來不及，
也無法重新安排

藉由掌握生產進度和及時
因應，以防出貨延遲

怎麼辦？

還好趕上了！

1-2 實現 QCD 改善的 PDCA 和管理項目

何謂 PDCA

有許多製造業都採用 PDCA 的改進方式來進行 QCD 的改善。 所謂 PDCA 就是 **Plan、Do、Check、Action** 的縮寫。

① Plan（計畫）：針對 QCD 的改善制定切實可行的計畫

② Do（執行）：執行計畫

③ Ckeck（評估）：計畫成果的檢查評估。如果未達到計畫預期，則制定改進措施以實現計畫

④ Action（改善）：執行改善措施。計畫的成果評估確定之後，就可以制定改善措施，建立完整的評估改善循環。

PDCA 並非只是單次的執行，為了達到更完善的品質管理，QCD 必須一次又一次地重複執行。 如此一次又一次的改善活動，稱為「PDCA 迴轉」，也就是「PDCA 循環」（【圖表 6】）。

設定關鍵績效指標（KPI）

為了改善 QCD，就有設定目標的必要，而且為了評估改善活動的成效，必須有「關鍵績效指標」（KPI，Key Performance Indicator）。

KPI 是藉由 PDCA 改善活動的成果所得的數據加以管理，但單有數據都遠不及如何將數據的結果與下一步的改善活動結合來得更重要。

例如，在數量和交期的 KPI 中，訂定準時交貨率（【圖表 7】）。雖然說公司整體及所有產品的準時交貨率均能達到 80％的結果數值非常重要，但是，僅就這一項並不能為下一步的改進提供任何提示。重要的是如何具體掌握**有什麼地方做了什麼樣的錯誤**。如果整個公司在工作一段落之後，能夠針對每個產品、每個工廠和每個出貨月分的數值切實掌握，並且挑出準時交貨率的問題所在，除此，另外還可以針對「產品別 > 工廠別」，「工廠別 > 期間別」等固定的產品範圍、廠區、時間加以細分，而能確認期間所產生的變化及結果，那麼就很容易得到更具體的改善對策。

✿【圖表 6】何謂 PDCA 循環？

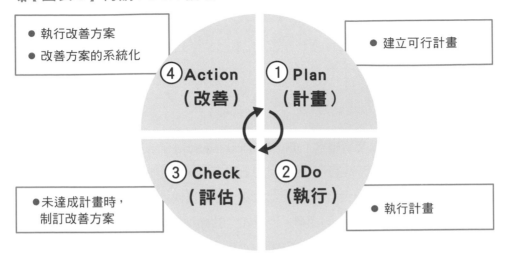

- 執行改善方案
- 改善方案的系統化

④ Action（改善）

① Plan（計畫）
- 建立可行計畫

③ Check（評估）

② Do（執行）
- 執行計畫

- 未達成計畫時，制訂改善方案

✿【圖表 7】由各種角度評估 KPI 很重要

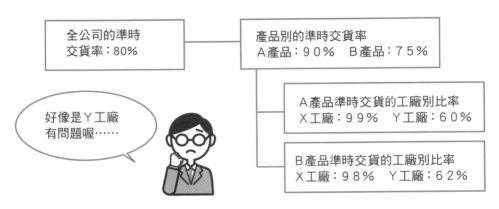

全公司的準時交貨率：80%

產品別的準時交貨率
A產品：90%　B產品：75%

A產品準時交貨的工廠別比率
X工廠：99%　Y工廠：60%

B產品準時交貨的工廠別比率
X工廠：98%　Y工廠：62%

好像是Y工廠有問題喔……

▼假如由各個工廠在各個期間交貨狀況來看……

原來如此！
Y工廠在期間1
發生異常

工廠別的準時交貨率：
X工廠：99%　Y工廠：61%

X工廠準時交貨的期間別比率
期間1：99%　期間2：98%

Y工廠準時交貨的期間別比率
期間1：32%　期間2：90%

注意

1-3 品質管理的運作與目的為何？

客戶決定品質

何謂品質？日本產業規格（JIS，Japanese Industrial Standards）將品質定義為：「對於購買之產品或服務達到了使用目的上的滿足，決定是否滿足的內容包含整體性能與特質。」二次大戰結束不久之後，日本很快就針對品質的標準，訂定「品質就是符合產品規格」的標準。但是如今的標準已經轉變為「所有的產品包含服務的品質都必須與客戶的要求相符」。為了滿足現今這樣的要求，就必要將重點放在「產品和服務本身的品質」，並且改善「作業方法及管理機制的本質」。

如此一來，所謂的「品質管理」應該是「執行 PDCA 循環，全面維護和改善產品以及作業方式的活動，以呼應客戶的期望，生產品質更好、價格更便宜、必要時還要能更安全使用的產品或服務（【圖表 8】）。

品質管理有以下二個活動：①日常的運營業務中，保持而且不偏離品質目標的管理活動；②針對客戶的品質保證與提高滿意度，持續進行改善活動。將二種活動互相結合反覆改善而且持續不斷。

但是，如果萬一還是發生了品質瑕疵的不良狀況，一定要立即採取因應策略，面對客戶、重要常客、市場時，可以先採取「迅速執行暫定對策」，在公司內部最重要的則是「分析原因」（【圖表 9】）。必須由公司所有相關部門進行原因調查和分析，並得出解決方案。

什麼是品質保證？

為了向客戶保證產品的品質與服務，嚴格執行整個生產過程的活動，稱為「品質保證」（QA，Quality Assurance）

品質保證的重要性日益提高的原因，可以歸納以下二項：①品質管理的要點不僅要考慮品質，還要考慮產品的經濟性和生產率；②客戶對品質的要求愈來愈高，也可以說客戶對企業的管理和高品質的要求愈來愈嚴格。

✿【圖表 8】工廠中的品質 PDCA 循環

各種各樣的品質PDCA

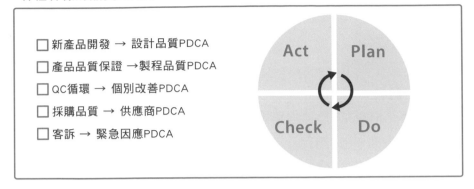

- ☐ 新產品開發 → 設計品質PDCA
- ☐ 產品品質保證 →製程品質PDCA
- ☐ QC循環 → 個別改善PDCA
- ☐ 採購品質 → 供應商PDCA
- ☐ 客訴 → 緊急因應PDCA

品質口號
客戶是後段製程！ 品質是前段製程！ 100%品質保證

品質鐵則
不採購、不製造、不出貨不良品

✿【圖表 9】不良品處理的基本程序

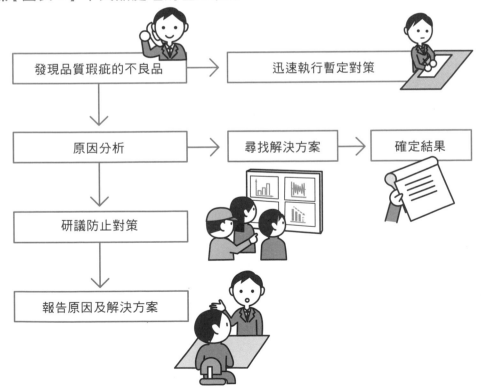

1-4 控制成本增加獲利的結構調整

降低成本的意義

所謂成本是指產品在生產與銷售的過程中所產生的所有費用。另一方面，獲利是指一定期間內，由銷貨所得的銷售金額減去成本就是獲利。以公式表示的話就是：「利潤＝銷貨收入－成本」。

因此，提升利潤的方法有二：一是增加銷售量或是提高產品價格，二是降低產品成本。但是，增加銷售量並不是一件容易的事，而且產品價格取決於市場競爭原則，並無法自行決定。

也因為增加銷售量或是提高產品價格不易，所以公司首先能採取的手段就是盡可能的降低生產成本，萬一營業額下降了，也可以盡力確保利潤。

如何增加盈餘

在解說公司整體利潤盈餘時，經常採用所謂的「資產報酬率」（ROA，Return on Assets），也就是公司運用自己的資產所創造出的利潤。假定將資本比喻為人的身體，關鍵就在於如何讓自己身體跑得更快。

ROA 其實就是用來表示營業額所能創造出來的利潤以及資產的利用周轉率。如果以跑步來比喻，銷售報酬率是步伐的寬度，資產周轉率是每一步的步伐速度，如此一來不難想像，跑步的速度就是這二者的綜效（【圖表 10】）。

管理銷售利潤是一種比較代表性的管理手法，此種方法是將營業額按比率分為購入性質的變動費用、土地建物等的固定費用，當成成本控制的管理方法。從【圖表 10】了解，想要增加淨利率，方法有二：一是降低變動費用的單位成本，二是降低固定費用，無論是哪一種都是必要的方法。

另一方面，倘若從提高資產周轉率的角度考量，那就是要減少庫存。不僅是原材料、中間產品或是成品，甚至包括製程中的半成品，藉由適當的措施來管理所有庫存，以縮短生產前置時間是非常重要的一件事。

工廠成本控制與功能

　　工廠會產生的成本，大致可分為「材料成本」、「人工成本」和「營業費用」等三大項。 為了達到管理的目的，可以執行以下項目（1）制訂每年的預算管理、各個相關部門的成本目標、產品開發期間的成本策畫，以及（2）蒐集成本改善的實際效果及報告。

✿【圖表 10】資產報酬率中的利潤結構

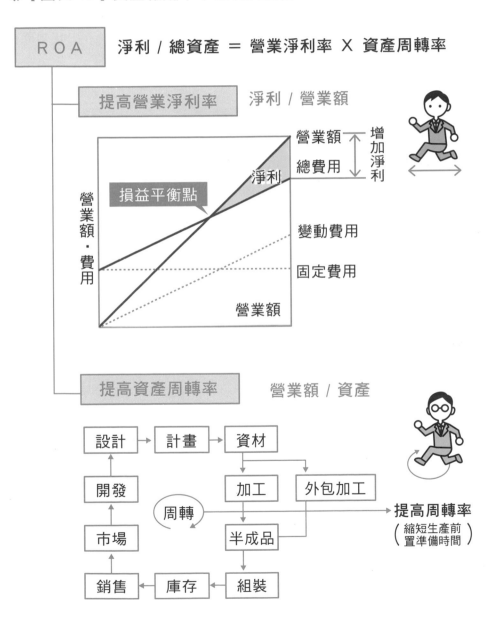

1-5 生產管理是透過廣泛的統籌控制達成順暢的生產

生產管理扮演什麼角色？

　　生產管理雖說是藉由生產計畫的排定進行交貨日期和庫存的管理，但是廣義上來說應該是：品質（Q），成本（C）和數量／交貨時間（D）的均衡管理。具體而言，主要包含以下內容。

（1）制定生產計畫和其他基本計畫：以產品的產能和生產期間為基礎編制生產計畫，其中應包括生產能力的確認和人員計畫。

（2）產品資訊管理：例如產品品項資訊、產品結構資訊、生產製程設備等相關資訊，視為生產管理的內部基本資訊加以管理。

（3）物料需求計畫（MRP，Material Requirements Planning）：以公司的生產計畫、產品結構、庫存狀況為基礎，規畫各種原材料、零組件的必要數量以及準備、生產時間。

（4）採購管理（調度管理）：在生產活動中，如何從供應商處適時適量採購過程的管理。

（5）庫存管理：保持適當庫存水準的活動，以便在必要的時候將必要的物品供應到必要的位置。

（6）流程管理：確實掌握生產製程的進度，以便可以及時調整生產活動中不適合程序的同時，使生產過程的進行更順暢。

生產管理的課題應該這樣因應

　　我們經常說生產管理就是要「確保交期及降低庫存」，事實上，每天都在面對這樣的挑戰。所以我們應該讓所有相關部門更靈活地因應類似以下的問題和變化。

● 應該由哪一個部門負責預估及計算實際的需求數量？
　→如何預估，如果有誤差時，該如何修正。
● 部門間的的合作不可或缺

→如何改善相關部門間的資訊共享，如何調配生產材料和機械工具。

● 總是有許多意想不到的變化

　→例如：生產設備的故障，作業人員的缺勤，零組件的不良，設計變更和需求
　　量的突然改變等應該如何因應。

● 現實總是在變化中

　→如何及時掌握時時刻刻都在變動的庫存狀況和生產進度。

✿【圖表 11】生產管理的涵蓋範圍

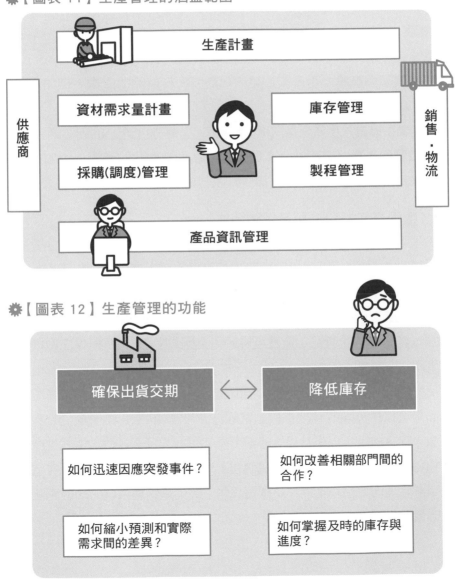

✿【圖表 12】生產管理的功能

1-6 生產型態的分類與特徵

製造業的各種生產型態

簡而言之，世界上有各種製造業。根據日本總務省《日本的統計》報告中顯示，製造業中的中分類總共可以分為24種，【圖表13】提供了各種統計資料。

【圖表14】顯示屬於製造業中的中分類的最近出貨比例。這樣的分類依照其產品特性又可分為三大類，稱為「產業三類型」，如下（【圖表13】）：

● **基礎材料類型產業**：生產製造用的基礎原物料產品的產業，例如：鐵、石油、木材和紙類等。

● **加工組裝型產業**：生產像是汽車、電視和手表等加工產品的製造業。

● **生活相關型產業**：定義為生產與食衣住等生活相關的產業，例如：食品飲料、服裝、家具等。如果以實際的產品分類就更容易了解。

根據各種生產型態的分類了解製造業

除了上述的「產業三類型」之外，其實還有各種類型的生產型態分類。我們可以從製造方式的角度和生產管理的角度做比較，就可區分為【圖表15】所表示的二大類別。在「產業三類型」中的基礎材料類型產業就是屬於流程式生產，加工組裝型產業就是裝配式生產。如果要舉例將一個工廠或是一種產品的生產加以區分，石油產品工廠就是屬於「流程式生產」，而汽車工廠則是「裝配式生產」。

另一方面，如果從生產管理的角度來看，分類就不限於以工廠或產品的分類，而是可以由分類的角度採取適當的區分。例如：「多樣少量」的產品就可以採取「存貨式生產」並且以「連續生產」的方式投產，以「拉式生產」方式進行物料的採購。詳細的分類，我們在 1-7 至 1-11 還會再做說明，在這裏我們就先了解管理的要點和功能。這樣對我們了解生產管理系統的功能應該會有比較大的幫助。

❀【圖表 13】產業分類與三大類

產業分類名	三大類	產業分類名	三大類
09 食品製造業	生活	21 陶瓷業、土石製品製造業	基礎
10 飲料、菸草、飼料製造業	生活	22 鋼鐵業	基礎
11 纖維工業	生活	23 非鐵金屬製造業	基礎
12 木材、木製品製造業（家具除外）	基礎	24 金屬製品製造業	基礎
13 家具、裝潢製造業	生活	25 通用機械器具製造業 ┐ 一般機械	加工
14 紙漿、紙、紙製品製造業	基礎	26 生產用機械器具製造業 ┤ 器具	
15 印刷及相關製造業	生活	27 業務用機械器具製造業 ┘	
16 化學工業	基礎	28 電子零件等製造業 ┐ 電氣／精密	加工
17 石油和煤炭產品製造業	基礎	29 電機機械設備製造業 ┤ 機械器具	
18 塑膠製品製造業（另外刊載除外）	基礎	30 資訊通信設備製造業 ┘	
19 橡膠製品製造業	基礎	31 運輸機械設備製造業	
20 皮革製品等	生活	32 武器及其他	生活

❀【圖表 14】製造業分類的出貨比率

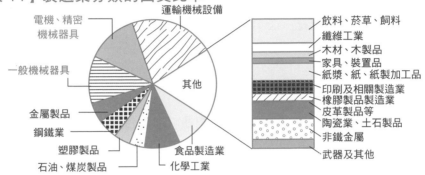

❀【圖表 15】根據生產型態的分類

		分類的方式		
製造的視角	流程式生產（機械設備配置型工業）	流量生產	製程或類型	批量生產
	組裝式生產（加工·組裝式工業）	生產線式生產	人員配置	單元式生產
		流線式生產	機械配置	零工式生產
生產管理視角	依據作業管理方法的分類	推式生產	指示方式	拉式生產
		連續生產	投產方式	批次生產
	依據接單特性的分類	存貨式生產	庫存管理重點	接單式生產
		少樣多量生產	產品的種類與數量	多樣少量生產

1-7 依據生產加工方式可分為組裝式生產與流程式生產

依照製造方法不同的分類

如果從製造方法的角度來看，製造業可分為：「組裝・加工式生產」和「流程式生產」。【圖表 16】和【圖表 17】就是這樣二個系統的概念。看起來二個圖表有點相像，但是實際上卻是有二個不同。一是針對需求制訂生產的方法，另一個則是以管理為生產的重點。

組裝式生產與支援系統的特徵

所謂的組裝式生產是根據客戶的需求，將原材料、零件、零組件等工業零件加以加工、組裝，賦予完成產品更高的附加價值出貨。我們可以舉出足以代表的產品如：汽車、家電產品等。

以這樣的生產型態，我們可以根據需求的變動隨時因應調整，產能可以利用假日出勤或是加班的方式隨時調整。但是如果沒有足夠的庫存原材料、零件也無法生產，所以庫存管理就是這類型生產的重點。

所謂的生產管理系統在組裝式加工型生產方式中，因為有其發展的背景，而且也已經發展得相當成熟了，所以即使有了新的生產設備或是增加不一樣的生產品項也不需要新的系統，重點在於如何在現有系統上做技術上的提升。

例如，對於諸如 IoT 和 AI 之類的新技術，熟練的目視品檢員可以處理最初的不良品檢測，進入量產期後，圖像處理技術和 AI 檢查就可以實現檢查的自動化，並且藉由不良品的解析可以提高品質並且降低成本，卻不會與現有的系統造成衝突。

流程式生產與支援系統的特徵

流程式的生產型態就是使用機器設備讓原材料進行化學和物理性處理的生產製造方式。例如：鋼鐵業、製藥、酒類和各種飲料的製造，使用天然資源生產品質功能安定的工業產品，就是這樣的生產型態。

這樣的生產型態好像整個工廠都是生產機器設備，不大可能輕易進行調整

強化，因此，必須要避免造成生產高峰，所以銷售的階段就必須考量產能的分配，接單的平準化就成為必要的衡量。這種生產型態對業務部門而言，執行製程的「可視化」及製造現場和營業銷售部門間的聯繫配合就非常重要。

這樣的生產型態也稱為「設備工業」，就是經常會投資許多大規模的機器設備，所以如何提高稼動率以降低設備租金費用就成為重點。

這種生產型態之中，原材料的品質不一，必要時在生產過程中必須微調溫度、濃度、時間等。如果可以使用像 IoT 蒐集生產設備的稼動監控數據、AI 進行分析等高度自動化設備，實在非常令人期待。

✿【圖表 16】組裝・加工型生產系統圖

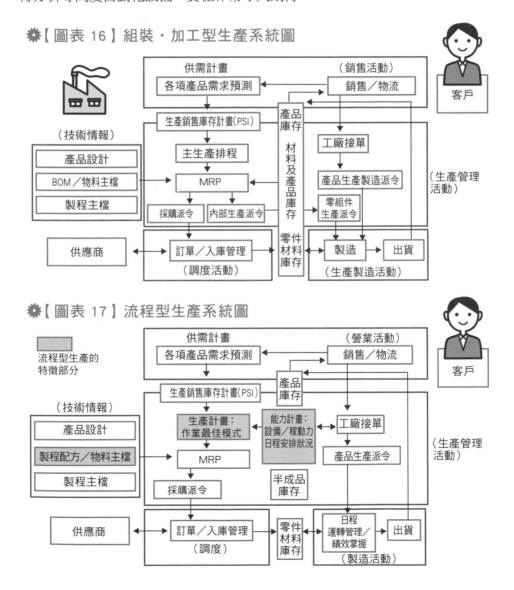

✿【圖表 17】流程型生產系統圖

1-8 依據人員配置可分為生產線式生產和單元式生產

依人員配置方式分類

「生產線式生產」和「單元式生產」的分類方式，可說是製造業中最具代表性的生產方式。這樣的分類觀點，與其說是製造方式的分類，不如說是基於人員配置的角度所做的分類來得容易理解。

何謂生產線式生產？

生產線式生產是將製造生產分解為多個簡單的作業，在整條輸送帶的周圍配置作業人員，讓作業人員針對輸送帶輸送過來的產品依次執行自己被分配的任務。也就是說這樣的生產比較適合低工資，少樣多量廉價生產的生產方法。

為了實現同一產品不斷地連續生產製造，主生產計畫的制訂必須要有平準化的功能，也就是說不是針對實際的需求排定交貨計畫，而是針對產品庫存進行的補貨計畫。

如果生產線式生產分配給每個作業人員的工作時間不同，產線上的產品就會停滯在技能偏低的作業人員之處，後續的作業人員就會經常處於空手狀態，所以這一類的生產方式必須對於整個生產製程細分為多個簡易單純的作業方式，而且每一個作業的操作時間都一樣，這樣的製程設計非常重要。

何謂單元式生產？

單元式生產就是將一個或多個熟練的作業人員同時安排在一個攤位型的工作站，整個工作製程都在這個工作站內完成。 由於都是配置技術熟練的作業人員，即使是非大量生產的高單價產品，也可以一個接一個地接著生產各種的產品，是比較適合少量多樣的生產方式。

每個產品的特有零件都會使用序列編號加以管理，共通的零件就可以透過MRP 管理（請參閱 3-6 和 3-7），匯總數量整批購買，可以說非常實惠。

【圖表 19】比較生產線式生產和單元式生產的特性。以汽車工業為例，一般

市面上的汽車就是少樣多量的生產線式生產，F1賽車就是屬於單元式生產的概念。

⚙【圖表 18】生產線式生產和單元式生產的人員配置

生產線式生產

單元式生產

在輸送帶周圍同時配置多人，當作業生產產品隨著輸送帶流動而來時，作業人員應執行規定的簡單工作。

在稱之為單元的作業場所，僅由一個或幾個有限的作業人員完成生產產品。執行內容也會包括相當複雜的作業。

⚙【圖表 19】生產線式生產和單元式生產的特性

	生產線式生產	單元式生產
作業員技術	單能工(專注於單一項作業)	多能工(同時負責多項作業)
必要技能	低	高
作業場所	輸送帶作業	區域式工作檯
作業速度	需配合工作速度較慢者	互相協助
半成品的庫存成本	大	小
治具	機械化	人性化
批號	偏向少樣大量生產	偏向多樣少量生產

1-9 依據機台的配置方式可分為流線式生產和零工式生產

生產設備的安排有一定的規則嗎?

工廠裡會有很多的生產機器,乍看之下似乎很雜亂,但實際上大概可以分為二種配置。一種幾乎是直線排列的「流線式生產」(flow shop),另一種是將具有相同功能的設備放在一起的「零工式生產」(job shop)配置。每一種都有其優點和挑戰,選擇哪一種的生產配置都會有其該有的原由。

流線式生產排程的特徵與機器的選擇

在生產的製程中,機器設備按照加工作業的順序加以編配使用,這樣的作業場所我們就稱之為「生產線」。每一條生產線都有自己專用的設備,從產品的第一個製程開始到最後一個製程幾乎是直線式的排開,所以無需考慮作業的順序也不用等待。

每個機器設備都需要有一名專門的作業人員,根據機器台數配置相對的作業人員。至於設備的大小,就要看需要生產什麼樣的產品再準備最可能配置的機器。例如:沖床,如果大多數產品只需要 10 噸的機器就可以完成,但有少量的產品則需要 100 噸的機器,那麼這個生產線就必須配置 100 噸以上的沖床機器。如果在每條生產線都配置了高單價但是利用率卻很低的機器設備,效率一定不會好,在這種情況下就可以考慮採用將使用「零工式生產」排程。

零工式生產排程的特徵與機器的選擇?

零工式生產就是將具有相同功能的生產機器放在一起,計算整個工廠所需要的生產能力,再配置必要數量的機器設備。比起每條生產線都需要配置稼動率低的昂貴機器,這樣的排程配置可以降低許多資產設備的投資。

這樣排程配置的優點是,將性質相似的機器設備配置在同一個作業場所,所以僅需要有限的作業人員(專業技術人員)就可以完成所有的工作。

但是,因為會有多樣的產品按照作業順序同時流動到加工中心,有時也會發生機器使用的銜接混亂,等待的時間變長的狀況。即使會發生這樣的狀況也

不能隨意配置更多的機器致使機器的稼動率變低，所以生產順序的適度調整就變得更重要了。支援這項功能的系統應該是排程程式，在現階段也很難建立有一套最適當的模式，只能藉由熟練的作業人員的感覺及經驗，從多種可行性解決方案中挑選最符合現實的最佳解決方案。將來，如果 AI 可以負責建立生產模式和順序的模擬計畫，說不定就有更符合現實的最佳解決方案。

✿【圖表 20】流線式生產的製造流程

依照產品的加工順序排列設備，
產品從起點到終點依順序逐步完成。

✿【圖表 21】零工式生產的製造流程

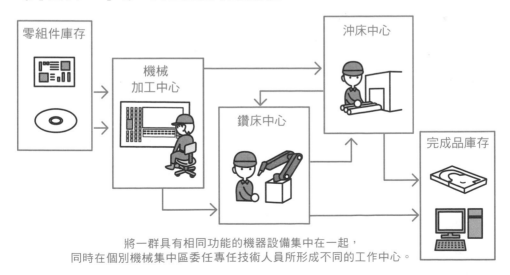

將一群具有相同功能的機器設備集中在一起，
同時在個別機械集中區委任專任技術人員所形成不同的工作中心。

1-10 依據物料採購的方式可分為推式生產與拉式生產

何謂推式生產方式與拉式生產方式

所謂「推式生產方式」（push system）是根據生產計畫採購物料的方法，如果可以根據計畫進而精準確定需要數量，應該可以說是最理想的機制。另一方面，「拉式生產方式」（pull system）則是根據市場的實際需求量，僅生產可能銷售的數量，可以藉由零組件的使用狀況，對需求波動進行微調。這二種方法並非只能使用其中一種，也可以根據各自的特點充分利用。

看板生產方式就是推式生產的代表

看板生產方式就是推式生產最具代表性的一種手法，在看板標示中具體地寫上產品名稱及數量並貼在該移動的物料零件上，之後將使用過後物料零件部分的看板拿下來，放到看板容器箱內，僅僅根據前一個製程中被使用的品項數量再進行補充的一種機制（請參閱 3-17）。 這樣的方式是根據現場實際物料零件的移動方式結合生產活動的一種系統。 僅僅利用這樣的看板生產方式就會有足夠的效果，但是如果還能在看板上加上條形碼、QR 碼或 RFID 之類的信息媒介，以便可以簡單進行讀取，就可以簡化訊息的發布和蒐集，對在遠距離處的廠商也就可以及時發布進貨的指示。電子看板的信息不僅可以作為製程進度管理的掌握，更可以利用這些交貨記錄幫助事務性工作更有效率。

拉式生產系統與推式生產系統並用

推式生產使用在製程的計畫階段，拉式生產則是可以使用在實際執行階段的 JIT（Just In Time：在必要的時間，生產必要的數量，做必要的零件調度）。用一個實際的例子來說，就是在計畫階段使用 MRP（請參閱 3-6 和 3-7），在實際執行階段使用看板式的拉式方式。 例如採購訂單的入庫指示就採用交易看板，作業進程的同步指示就採用進程看板。看板生產最好的例子就是「豐田生產系統」（TPS, Toyota Production System；豐田生產方式）。

✿【圖表 22】拉式生產系統與推式生產系統並用案例

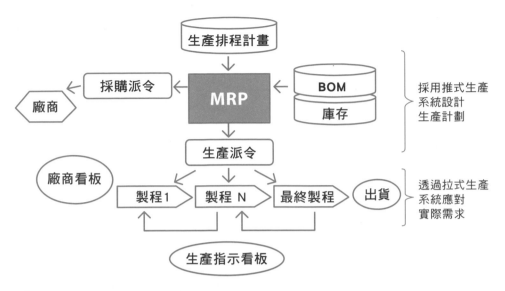

✿【圖表 23】看板管理與裝載容器的流程

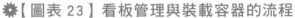

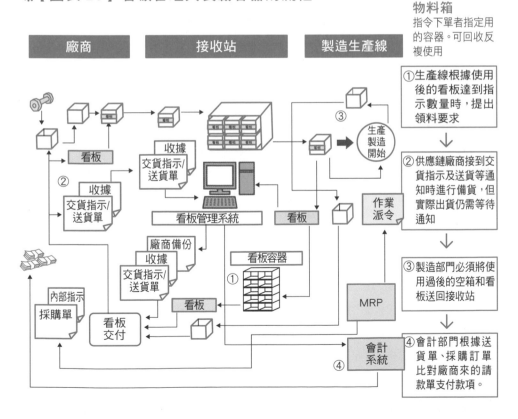

1-11 依據庫存的評估方法可分為存貨式生產與接單式生產

基於庫存掌握時點的不同可分為二種生產方式

對製造業而言，最理想情況就是接到訂單就能立即出貨。然而，事實上，產品從接單到出貨，無論是材料的採購調度、生產和運輸都要花費一些時間，很難說出貨就出貨。因此，如果要根據庫存量再衡量接單，那麼根據製程的階段判斷庫存增加與否來看，大致可以分為二種生產方法。

存貨式生產與接單式生產

所謂「存貨式生產」，就是在接單之前就先行完成產品生產的一種方法。庫存的持有時點是在店鋪或是正在物流配送途中，目的就是避免客戶的等待。但是，如果庫存太少很容易就會立即銷售一空，會錯過銷售的時機；或者，相反的如果庫存過多，也會有造成滯銷賤賣的風險。為了避免這些狀況，有必要提高需求預測的精準度，這時就可以好好地運用 AI 的技術。

所謂「接單式生產」就是在收到訂單之前不會開始生產，而僅會準備原材料。在這種情況下，也擔心如果收到的訂單規格與計畫產品不同時，很可能會導致材料不全，所以會在接到各種可能的訂單之後才會開始備料。

因此，就有各種縮短交貨期的方法，例如內定方法和看板方法，或是利用自動化生產來縮短交貨時間，在設計階段就將物料零件標準化（使用目錄）或者在每個產品中建立某些共通使用的物料零件讓生產更有效率。

如何決定庫存的時點在臨機應變

無論使用哪種方法，庫存持有的時點也並非每一家公司都只有一種方式。產品目錄的產品可能是預估生產、訂製的產品可能就是零工式生產，所以在什麼時候決定每種產品合適的庫存是非常重要的一件事。再者，並非一旦決定了產品庫存的持有時點就不能改變。例如接單式的生產一旦形成人氣商品可以大量銷售之後，就可以適時變更為存貨式生產。現有的庫存產品的持有時點，也有必要就各個產品定期定量適度調整。

✿【圖表 24】隨著生產方式不同，庫存管理的重點隨之不同

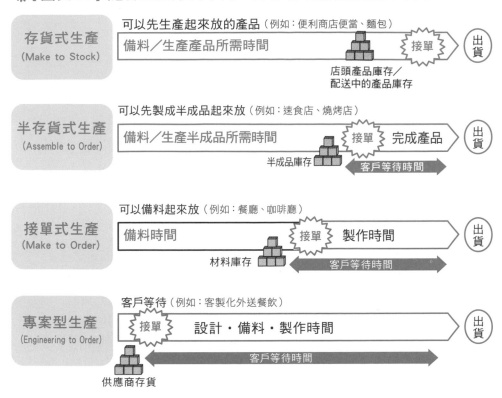

存貨式生產
(Make to Stock)

可以先生產起來放的產品（例如：便利商店便當、麵包）

備料／生產產品所需時間　　　　　　　接單　→　出貨

店頭產品庫存／
配送中的產品庫存

半存貨式生產
(Assemble to Order)

可以先製成半成品起來放（例如：速食店、燒烤店）

備料／生產半成品所需時間　接單　完成產品　→　出貨

半成品庫存　　　　客戶等待時間

接單式生產
(Make to Order)

可以備料起來放（例如：餐廳、咖啡廳）

備料時間　　接單　製作時間　→　出貨

材料庫存　　客戶等待時間

專案型生產
(Engineering to Order)

客戶等待（例如：客製化外送餐飲）

接單　設計・備料・製作時間　→　出貨

客戶等待時間

供應商存貨

✿【圖表 25】各種生產方式的產品庫存案例

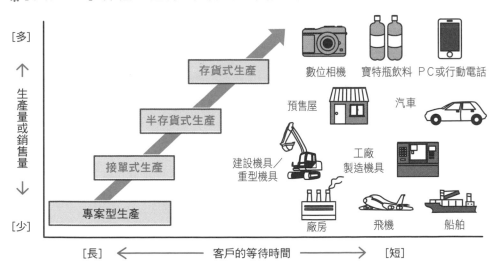

[多]

↑

生產量或銷售量

↓

[少]

存貨式生產

半存貨式生產

接單式生產

專案型生產

數位相機　寶特瓶飲料　PC或行動電話

預售屋　　汽車

建設機具／重型機具　工廠製造機具

廠房　飛機　船舶

[長] ← 客戶的等待時間 → [短]

IT 應用技術再進化！

文／松林光男

在時間的潮流中，技術能力可分為「容易被替換的技術」和「不容易被替換的技術」兩種。IT 的基本技術（基礎架構技術）就是屬於一種很容易快速會被替換的技術領域。

例如，在 1960 年代有所謂的電腦主機時代，1980 年代之後是客戶端與伺服器（Client/Server）架構的時代以及 2000 年之後的雲端電算時代，不同的時期在技術能力上都有很大的變化。在這樣的 IT 基礎架構領域，很多系統製程師（SE，System Engineer）經常會被要求必須具有最尖端的技術能力

另一種則是與 IT 應用程式相關的技術能力（例如：物料編碼、物料清單、MRP、生產銷售庫存計畫、生產管理）也就是「不容易被替換的技術」，隨著時間的推進，基本上也沒有太大顯著的變化。可是，在這個領域的製程師好像也會被要求應該具有廣泛的專業知識。事實上，與 IT 基礎架構領域相比，IT 應用的技術能力在於是否擁有更多的實務經驗才是重點。

如果您是 IT 製程師，考慮在將來進入 IT 基礎架構領域或是 IT 應用領域，建議儘早確定方向。

筆者在二十多歲左右的時候，曾經在一家電腦公司的工廠 IT 部門工作，當時僅僅只有一個系統部門，隨著部門的成長和人員的增加，該部門就被分為 2 個部門。當時的上司就曾詢問筆者，想去 IT 基礎架構部門還是 IT 應用部門，後來筆者如願就被分配到興趣所在的 IT 應用部門。一路走來已有數十年，與同事之間從參與無數的系統製程研討會中不斷地學習，即使到現在，筆者都還能將自己在 20 歲、30 歲時所習得的經驗，不斷地發揮在現在的工作領域。

在《IT 人材白皮書》（通產省‧IPA）一書中，曾經發表了雲端時代必要的 IT 技術方向的調查結果：結果顯示被調查的企業（IT 企業、製造業等其他產業的 IT 部門或是 IT 子公司共 876 家）當中，約有 70%的比率要求經營者必須具備業務分析能力、企畫能力以及 IT 應用的技術能力。

所以在此鼓勵業界的 IT 製程師們（SE，System Engineer）一定要多多鑽研提升應用技術上的能力。

第 2 章

產品資訊及資訊系統
是工廠業務的基石

2-1 | 資訊系統是工廠業務的基礎

工廠可分為二大業務鏈

　　工廠業務大致可以分為「技術鏈」和「供應鏈」二大業務鏈（【圖表 26】和【圖表 27】）。

　　所謂技術鏈就是「產品從企畫到量產為止所產生的一系列作業流程」，而供應鍊則是「從市場的需求預測到客戶出貨為止所產生的一系列作業流程」。

　　一般的製造業是開發具有競爭力的產品，並且把握時間比競爭對手更快地進入市場，在這種競爭環境中，資訊系統就發揮了很重要的功能。

支援技術鏈的資訊系統

　　新產品開發的流程從以前到現在都沒有改變，一直都是「產品企畫→開發→設計→試作→量產」按部就班逐步完成，但是隨著電腦的高度化進步，工廠的業務型態業起了很大的變化。在過去，設計必須先要有人繪圖，之後再由作業人員反覆多次的製模修模（就是製造與實際產品類似的模型），並通過模型的組裝測試等，才能完成產品投產與否的評估作業。在這中間的過程不知道要經過多少的人手作業。但是，現在隨著電腦 3D 繪圖技術的開發，產品的設計，藉由電腦的數位模擬（試作模擬）就可以完成了，同時產品的設計、功能測試、組裝效能測試評估也都可以同步進行。

支援供應鏈的資訊系統

　　工廠的製造業務流程，基本上「根據需求預測制定生產計畫，根據生產計畫進行生產，再根據接單狀況進行出貨」，這樣的流程，以前是這樣，現在也是這樣，只是現在不同的是，客戶的需求有了很大的變化。以前是一個需求超過供應的時，只要生產就一定可以賣得出去。但是，如今，客戶和市場需求卻變得非常多元化，而且客戶還會要求超短的交貨期。在這種要求少量多樣的時代，不僅要能夠迅速捕捉市場的需求，還要趕在客戶要求的交貨期內交貨，成了產品銷售的必要條件，相對地資訊系統的應用就成了其中不可或缺的存在。

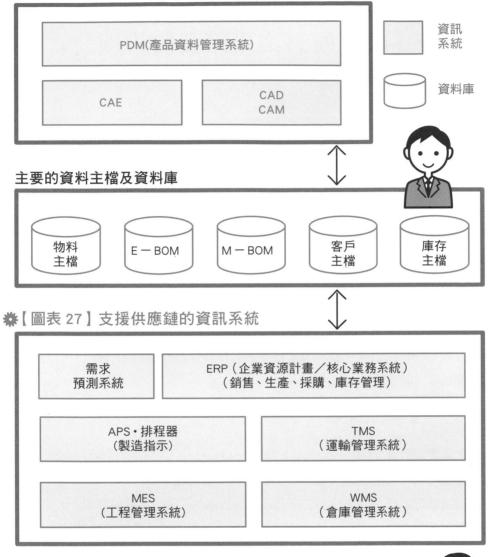

✿【圖表 26】支援技術鏈的資訊系統

PDM(產品資料管理系統)

CAE

CAD
CAM

資訊
系統

資料庫

主要的資料主檔及資料庫

物料
主檔

E－BOM

M－BOM

客戶
主檔

庫存
主檔

✿【圖表 27】支援供應鏈的資訊系統

需求
預測系統

ERP（企業資源計畫／核心業務系統）
（銷售、生產、採購、庫存管理）

APS・排程器
（製造指示）

TMS
（運輸管理系統）

MES
（工程管理系統）

WMS
（倉庫管理系統）

資訊名稱與資料庫名稱

CAE：Computer Aided Engineering（電腦輔助工程）

CAD：Computer Aided Design（電腦輔助設計）

CAM：Computer Aided Manufacturing（電腦輔助製造）

E-BOM：Engineering Bill of Materials（工程物料清單）

M-BOM：Manufacturing Bill of Materials（生產物料清單）

PDM：Product Data Management(產品資料管理系統／設計變更管理／設變)

2-2 PLM（產品生命週期管理）就是所有業務獲利的管理

何謂 PLM？

所謂「**產品生命週期管理**」（PLM，Product Lifecycle Management）：就是產品相關的所有資訊（例如：產品結構、技術情報、項目管理、庫存、營業額等）的共有化，並針對所有業務流程進行有效地產品獲利管理。而這整個產品生命週期的系統還包含了以下多個相關子系統（【圖表 28】）：

- **客戶關係管理**（CRM，Customer Relationship Management）：就是可以直接從客戶處獲取的第一手資料如：要求產品功能、品質情報等重要資訊的管理。是最直接可以取得需求的產品功能和品質的條件和提升產品品質的方法，並且可以為下一代改良產品、研發和產品規畫提供有價值的參考。

- **供應商關係管理**（SRM，Supplier Relationship Management）：建立一套結合市場趨勢的靈活供應系統，與重要業務合作夥伴供應鏈的合作配合可以說是至關重要（請參閱 3-11）。

- **物料供應鏈管理**（SCM，Supply Chain Management）：有關物料供應的管理（請參閱 3-1）

- **企業資源計畫**（ERP，Enterprise Resource Planning）：主要針對產品的成本進行得當的管理，是 PLM 中獲取收益的一種重要管理系統。

- **製造執行系統**（MES，Manufacturing Execution System）：材料費用、人事費用、營業費用等是構成產品成本的三個要素。而製造執行系統就是蒐集這些費用成本的核算系統。

- **產品資料管理**（PDM，Product Data Management）：是 PLM 產品生命週期管理流程的核心系統，主要是針對產品整體的設計、開發以及相關技術等進行統一的一元化管理，對於提升產品的獲利能力扮演重要的角色。（【圖表 28】）。

利用 PLM 可以縮短開發週期

　　一個新產品從開發到發表上市，必定要投入大量的前期資金，例如開發費用和產品的試作等，而企業的獲利都要等到這些前期的投入資金回收之後企業才可能有利潤產生（【圖表 29】）。這樣的前期投資到回收為止的時間（產品獲利的前置時間）如果可以縮短的話，企業就也愈容易獲利。而產品獲利的前置時間，大致可分為以下幾種類型。

- **產品獲利的前置時間**（TTP，Time To Profit）：是指產品著手開發到開發費用回收為止的時間。以同樣的產品週期來看，如果可以縮短 TTP 的時間，那麼可以產生收益的銷售期間就可以變長，此時如果產品也可以在產品熱銷之後提早結束銷售週期，比其他企業早一步取得先機，投入新產品的開發銷售，這樣一來就可以變成一個很好的銷售循環。

- **產品量產前置時間**（TTV，Time To Volume）：產品量產的時間。如果產品量產上市同時也在市場上造成熱銷，此時如果可以啟動垂直開發新產品，不僅可以迅速擴展新的產品線，也可以避免可能因為熱銷造成導致缺貨的利益損失。

- **上市時間**（TTM，Time To Market）：新產品的上市時間。抓住市場脈動並及時推出新產品是企業獲利很重要的一環。

✿【圖表 28】PLM（產品生命週期管理）就是所有業務流程的管理

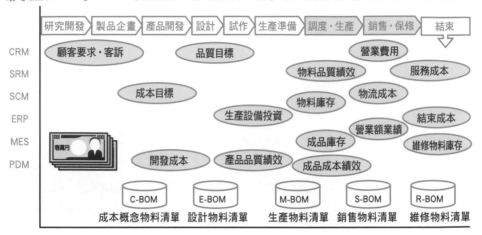

✿【圖表 29】利用 PLM 管理可以縮短產品開發時間

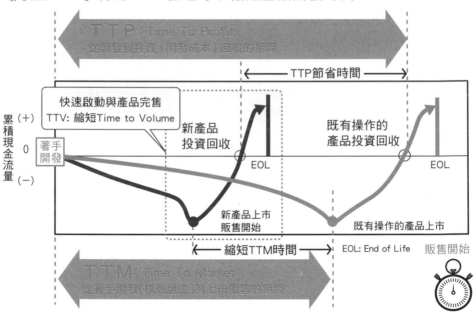

2-3 透過 PDM（設計變更管理系統）對產品開發的所有資訊進行一元化管理

何謂設計變更？

PDM（產品資料管理系統），在日本也稱為設計變更管理。所謂設計變更，就是設計部門提供給製造部門產品生產所需的必要資訊。而且無論是新產品的開發或是現有產品的變更等都可以稱之為設計變更（簡稱設變）。

但是，日本的企業在新產品的設計階段通常不歸類為設計變更，所以新產品的設計會稱之為「新產品圖面設計的發行」或稱為「出圖」用來區別已經上市的產品設計變更。確實，上市銷售中的產品設計變和新產品的設計，但就數據量來看就不同，其他諸如隨附文件檔案和程序也都不一樣。

還有，處理大規模變更時，也不會稱為「設變」而是用「出圖」表示。但在系統上的功能部分就沒有特別分開設定。在系統的 BOM（物料清單。請參見 2-9），會將設計部分的物料分類分為：「增加」、「刪除」、「變更」三種數據類型處理，新產品的部分就是將新產品的所有物料選擇「增加」進行登錄，作業程序與「設變」的物料變更程序完成相同。即使數據量很多的時候，也是很單純的系統處理而已，並不會造成任何問題。因此，大多數 PDM 系統處理也包含新產品的設計。

PDM 的功能

所謂「PDM 產品資料管理系統」（PDM，Product Data Management），是指在產品開發時，所產生的各式各樣的資訊（例如：設計圖面、文書檔案、規格書、設計物料清單、說明手冊等）進行整理歸納的一元化管理。

這個系統包含了所有與產品結構有關的零件、物料等資訊，數據主檔不僅包含了品項代碼、還會特別對設計變更的代碼進行管理。

例如，想嘗試將正在使用的鋼製的螺絲和螺母以更輕更便宜的強化塑膠取代時，如果只是某部門單方面進行物料變更，很可能會有強度不足造成損壞的結果。所以，產品變更時應該要有一個特定的變更代碼，讓相關的人員都可以清楚明白變更的事項。

✿【圖表 30】設計變更的兩種型態（系統上也是同樣處理）

① 新產品的開發設計

有關新產品的結構和內容，包含設計、規格、物料資訊、檢驗標準
等生產所需的技術資訊，必須傳達給生產部門。大部分的日本企業，
對於新產品不會稱之為「設計變更」（簡稱設變），通常會發行新產
品圖面另外管理。

新產品開發

② 產品改良

針對出貨後的產品如果發生產品不良、安全問題、或是為了提升產品性能、降低
製造成本等進行的產品改良、技術變更的相關資訊，必須傳達給生產部門。

環保／環境對應　　　安全作業　　　　　　　降低成本　　　　　　　提升性能

✿【圖表 31】設計變更管理系統的結構

PDM:Product Data Management

在產品開發和設計變更期間，針對產品的所有資訊(例如：圖面、資料
檔、產品規格、說明書等)加以系統整合並進行一元化管理的結構

範圍（客戶）
● 發生故障
● 要求降低成本等

設計變更管理系統(PDM)
● 設計變更內容審查
● 加速設計變更的處理
● 設計變更資訊與產品基本資料的同步
● 產品的版本管理
● 產品變更履歷管理
● 設計變更與品質的全面管理

生產部門
● 製程上的瑕疵
● 零件／成品的不良率

設計・開發及生產
的資訊交換

設計變更(CAD／CAM相關)
● 設計變更指示(通知)書
　(不良改善對策、功能提升、降低
　成本)
● 設計物料清單
● 相關圖面（物料圖面、組裝圖
　面等）
● 規格書等（SPEC、變更內容說
　明書等）
● 適用指示書（工程變更通知）
● 其他

所有產品開發、
設計變更相關資訊

產品結構、
技術資訊、專案管理

基本資訊的變更(ERP相關)
● 品項主檔
● 物料清單(BOM)
● 製程主檔
● ＮＣ數據
● 測試數據／檢驗標準
● 其他

2-4 工廠的所有物品與人員都應該有代碼（數字或記號）

何謂代碼？

　　在工廠中會有許多零件、材料、半製品、完成品等，還有許多加工、組裝用的機器設備，這些許許多多的物料設備當然都有名字，除此，在工廠工作的大量工作人員也有他們自己的名字。當然，在日常的生產活動中，經常使用這些名稱和名字進行工作，但是這些名稱和名字有時也可能造成錯誤和誤解。為什麼會這樣呢？因為相同的物料產品名稱有可能指的是不一樣的物料產品、更何況也會有同名同姓的人，單從名稱是不可能100％確定某人或某物。

　　例如，有許多相同直徑和長度的螺絲，但是螺絲的頭部形狀和螺距卻不同，所以，如果只是指定「直徑為10mm，長度為50mm」的螺絲時，那就不知道真正需要的是那一種螺絲了。因此，如果將工廠中的零件、材料、成品、生產設備和所有的工作人員都賦予一個指定的編號或記號，使用時以這個代碼指定使用，那就絕對不會出錯了。這種賦予「每個品項及工作人員每人」一個特定的編號或及號就稱之為「Code代碼」，生產管理系統及工廠的資訊系統中，一般不會使用個別的名稱或名字，而是使用代碼進行資訊處理。

資訊系統中經常使用的各種代碼

- **物料、零件、完成品的代碼**：通常稱為品項代碼或是產品代號。所有生產活動的過程中，例如：銷售計畫和銷售實績、生產計畫、生產實績、庫存計畫、庫存實績、接單實績、出貨實績等，甚至零件、物料的下單及採購實績等所有的數據都用代碼進行管理。
- **生產設備的代碼**：通常稱為設備代碼或是設備編號。無論是設備產能、維修、資產管理等都是以設備代碼或是設備編號加以管理。
- **員工的代碼**：通常稱為作業人員代碼或是員工編號。諸如出勤、下班、加班和安全區域的進出入管理均是基於員工代碼執行。
- **其他代碼**：其他還會有進行零件、材料調度的供應商代碼、客戶代碼等。

❀【圖表 32】為何一定要代碼化？

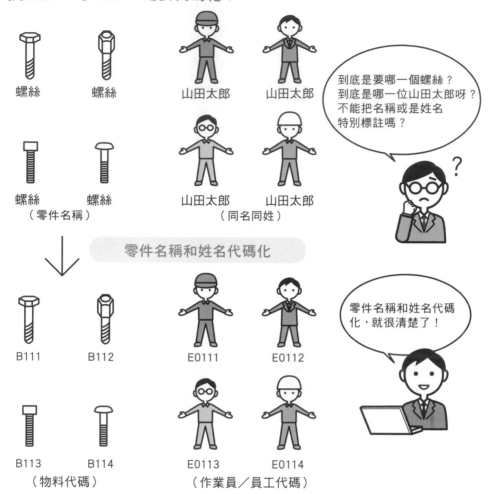

❀【圖表 33】代碼可以泛用在各種資訊

代碼廣泛應用在生產管理及工廠相關系統的
各種各樣的資訊

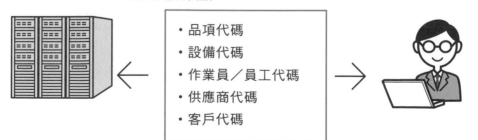

- ・品項代碼
- ・設備代碼
- ・作業員／員工代碼
- ・供應商代碼
- ・客戶代碼

2-5 | 品項代碼可分為有意義的品號和無意義的品號

一個品項一個代碼是絕對的規則

　　所有的代碼當中最具代表性的就是「品項代碼」（品項編號）。在工廠裡應該說有成千上萬個零件、或是由零件組裝而成的產品。例如，液晶電視就有好幾千個零件、汽車就是由上萬個零件組合而成。這些零件都應該一個一個加以編碼，以便和其他零件加以區別。因為產品代碼可以區別和辨識每個零件物料的不同，同樣的物料就是同一個代碼，而不同物料必須具有不同的編號（請參閱 2-4）。

有意義的品號和無意義的品號

　　但是，在日本製造業中，同一公司、同樣的物料在不同的工廠，在某些情況下也可能有不同的物料代碼。因為在日本的品項編號中，編號本身就具有多種含義，例如，我們可能由編號中很容易就能看出這個品項是在那裡組裝、是由什麼材料製成、由那個供應商購入的材料等。

　　例如，即使是同一個物料品項，因為採購供應商不同，品項代碼中所顯示的採購點代碼當然就不同了，如此的品項代碼就是屬於「有意義的品號」，而許許多多系列性的編號就是屬於「無意義的品碼」。

　　日本的製造業使用「有意義的品號」的時候通常比較多，國外則是「無意義的品號」的時候比較多。對於那些慣用「有意義的品號」的日本公司來說，「一個品項一個代碼」就成了一個很大的課題，也就說，公司整體應該統一採取什麼樣的代碼是一個很重要的規則。例如，如果不再採用個別工廠自行編碼，而是由總公司設立一個編碼單位，公司所有及每個工廠的編碼都由這個編碼中心統一編號，那麼就可以解決同一個物料卻多個代碼的問題。

　　工廠中有成千上萬的使用物料，這些物料都會被登錄在公司的檔案之中，我們通常稱這些檔案為「物料主檔」。物料主檔不僅在整個生產管理系統中的每一個環節都會被使用，同時也管理跟物料有關的所有資訊，而要開啟整個物料主檔連結的就是物料代碼。

✦【圖表 34】品項代碼中的「有意義的品號」和「無意義的品號」

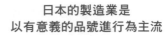
日本的製造業通常使用有意義的品號,反之日本以外的
企業較常採用無意義的品號進行編碼

國外的製造業
以使用無意義的品號為主流

日本的製造業是
以有意義的品號進行為主流

✦【圖表 35】有意義品號的課題

儘管品項相同,但是採購的對象不同,每個工廠的品號也會不同。
➡ 一個品項就會有多個不同的品號

即使是同一個零件

在A工廠 　　　　在B工廠 　　　　在C工廠

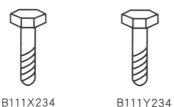

B111X234 　　　B111Y234 　　　B111Z234

以X、Y、Z代碼代表採購對象

這個螺絲在
整個公司
到底有多少庫存?

整個公司到底
需要多少這款螺絲?

⟷

同一個品項卻有個產品
代碼,根本無法彙總公
司的庫存和公司整體的
需求,也無法評估!
傷腦筋……

2-6 工廠內部用於生產的各種代碼

工廠內最不可欠缺、最重要的代碼

設備代碼

工廠的生產設備每一個每一個都會賦予一個代碼，而且通常會以設備代碼為主明白註記設備的生產能力（例如，平均一個的加工時間、或是一天最大可能的稼動時間等）以及設備維修保養的記錄等（在設備主檔會記錄設備的所有資訊）。

生產計畫或是生產製造的日程計畫（通常稱為：排程）是指在衡量製程的能力範圍內排定可能實現的生產計畫。但是要如何確認每個製程的工作量（負荷）是否在製程的能力範圍內，這時就可以使用設備代碼從設備主檔中讀取所需的相關資料。

此外，設備的維護也很重要，因為生產設備故障會導致整個生產線的停線。設備主檔一定要記錄設備的維修保養等相關資訊（例如，保養週期、維修保養的歷史記錄等），並根據這些資料建立工廠中所有設備的維修保養排程。

作業員代碼（員工編號）

工廠的從業人員資訊同時也會被應用於生產管理和工廠相關的各個系統。工廠的員工身上配戴的員工卡都會有員工編號的紀錄，管理員工的出缺勤時間、實際作業的時間、還有登入電腦的時間等。

此外，機密訊息的查閱檢索，員工代碼和密碼更是不可缺少。工廠安全區域的進出入也需要使用員工代碼進行身分驗證。

供應商代碼

零件和材料採購時必要使用的就是往來的供應商主檔。供應商主檔主要是使用供應商代碼記錄與供應商相關的的各種資訊，例如採購基本合約、包括合約內容、採購訂單型態、送貨指示表等。也根據這些資訊，進行採購下單及交貨檢查驗收。

客戶代碼

　　客戶訂單、訂單的裝運出貨及交貨驗收都是屬於客戶主檔的內容範圍。客戶主檔就是使用客戶代碼記錄及查詢所有跟客戶相關訊息。

✿【圖表 36】工廠內各種各樣的代碼範例

設備代碼

工廠中的每個設備都必須賦予每個設備一個特定可以識別的代碼，並且使用這個固定的代碼登錄檔案主檔作為生產能力和設備維護的資訊。

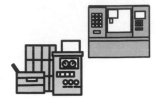

作業員代碼（員工編號）

在工廠工作的公司員工資訊同時也必須連結生產管理等所有與工廠相關的系統，諸如：出勤時間、下班時間、電腦系統的登入、安全管制區的進出入、作業實績等。

供應商代碼

在系統的供應商主檔中，有必要以每個供應商業為主加以編碼，並且在每個供應商檔案中記錄與供應商的各種往來，例如：買賣合約與其他各種合約、訂單，送貨單等相關單據。

客戶代碼

客戶主檔中，也是要以每個客戶為主加以編碼，並且記錄與每個客戶間的各種資訊往來，例如：買賣合約、訂單、出貨單等相關單據。

產品資訊管理系統的基礎就是物料主檔

產品資訊主要由設計　開發部門和生產技術部門進行管理

產品資訊管理包括產品結構上的各種資訊和製造方法的相關資訊等二種資訊的管理。主要由設計開發部門和生產技術部門負責管理。

產品到底由哪些零件所組成的資訊表示，我們稱之為「物料清單」（BOM，Bill of Material）。BOM 中每個零件的相關詳細資訊都是由「物料主檔」統合管理，內容包括供應商、價格、採購所需時間、一次可採購的數量限制、材質、圖面資料和規格等的記錄。

有關製造方法的相關資訊都會詳細記錄在「製程主檔」，其中會記錄生產的順序、使用的材料、治工具和設備等。

每個製程中所使用的設備則會詳細記錄在「設備主檔」。

這些的資訊如何及時而且準確地的管理更新就是產品資訊的功能。

品項主檔中記錄的資訊

品項主檔不僅記錄用於製造產品中的各種物料零件、還有產品本身。 此外，在生產活動中經常需要使用的物品也是登錄的對象。

例如，生產設備用的機油、作業人員使用的工作手套和工業肥皂等所有生產過程中需要採購、銷售、庫存的各項物品都是登錄的對象。

像這樣，因為所有物品都是登錄的對象，因此進行登錄時就要十分注意登錄的方法。首先，同樣的物品就是同樣的號碼，不同的物品就是不同的號碼，是管理上的大原則，但是，如果這些物品在各個事業部門和工廠中分別管理時，因為工廠的合併、廢棄或全球擴張，不同的物品遭人改為相同的號碼，或是相同物品卻因部門不同有了不同號碼的可能很大，因此品項的一元化管理就成了一個重要的課題（請參閱 2-5）。

✿【圖表 37】產品資訊管理的整體樣貌

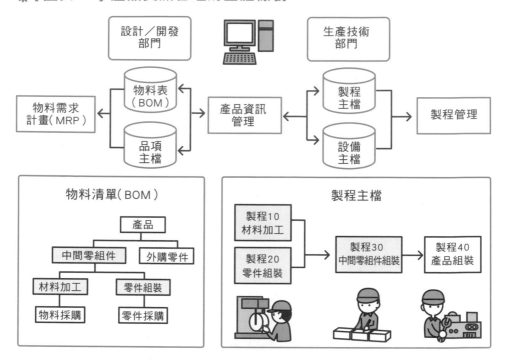

✿【圖表 38】什麼是品項資訊

品項資訊：針對所有開發、生產、銷售和維護過程中所有的企畫、管理、買賣……等的相關項目詳細的紀錄。

登錄對象：像是零件、中間產品和零組件配件、最終產品、耗材……等，所有與採購、銷售、庫存的所有相關項目。

基本情報：　品項編號、名稱、圖面編號、規格、特性、分類代碼、使用狀態等。

開發用情報：替代標準零件
（因應原零件不能使用狀況產生之時）。

入手情報：　內部製造或是外購、相關的製造商、供應商、約略價格、相對應採購廠商的產品名稱、產品代號、交貨所需時間、最小採購量、下單方式等。

警告情報：　是否含有毒性、是否為許可產品、貴金屬含量，回收義務，特殊存儲條件等。

2-8 支援開發設計的 CAD、CAM、CAE、RP 和 CAT

讓開發、設計業務更具效率的工具

開發設計所涉及的環境就是一個嚴峻的環境。需要不斷地追求產品的變化、並且隨著舊款產品的結束，還要不斷地推陳出新生產新的產品。此外，競爭對手也不是僅限於國內，而是加入許多新興國家的混亂大競爭時代，從全球的角度開發產品已經是必然不過的事。新材料的開發也是日新月異，所以如何應用這些新材料設計新產品也是當前的重要課題，現今的時代已經不能再由人海戰術這樣的角度來看待產品的開發。

因此，開發工具的有效利用也是關鍵要素。以設計工具而言，除了 3D 電腦輔助設計（CAD，Computer Aided Design）是必要的工具之外，也會運用 CAE 電腦輔助製程分析技術（CAE，Computer Aided Engineering）建立電腦數值分析模型分析產品性能與虛擬測試、耐久力測試和落下的衝擊分析等。

在 RP 快速成型（RP，Rapid Prototyping）的技術上，隨著 3D 列印的廣泛使用，在產品未量產前就能模擬與實品非常接近的外觀模型，以利銷售部門的評估，在設計階段就能選擇開發有爆發力的銷售產品。

此外，還可以運用電腦輔助製造（CAM，Computer-Aided Manufacturing）和電腦輔助測試（CAT，Computer Aided Test）不僅只是搭配傳統的數值控制工具機（CNC, Computer Numerical Control），甚至我們還可以期待未來配備 AI 機器人的通訊交談進而提升生產效能、測試等的生產活動。

最後決定進入量產與否的設計審查（DR，Design Reviews）階段，還可以藉由數據的模擬和數位模型（DMU，Digital Mock-Up）做出客觀的判斷。

軟體的開發是關鍵

傳統產品的構成主要分為機械系統和電氣系統二大系統，最近又加上了軟體這個要素。但以目前的狀況而言軟體開發的延遲對交貨經常造成重大的影響。所以，從最初的設計階段開始，就有必要將軟體納入開發階段與機構系

統、電氣系統做整體的考量，對工業4.0來說，也是不可或缺的要素（請參閱5-3至5-4）。

✿【圖表 39】如何提高開發／設計的工作效率

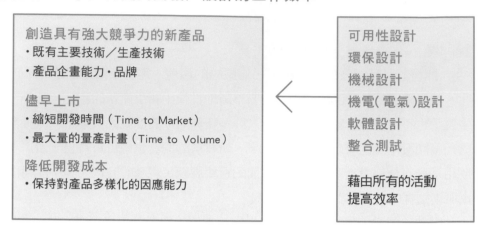

創造具有強大競爭力的新產品
·既有主要技術／生產技術
·產品企畫能力·品牌

儘早上市
·縮短開發時間（Time to Market）
·最大量的量產計畫（Time to Volume）

降低開發成本
·保持對產品多樣化的因應能力

可用性設計
環保設計
機械設計
機電(電氣)設計
軟體設計
整合測試

藉由所有的活動
提高效率

✿【圖表 40】有效使用開發工具

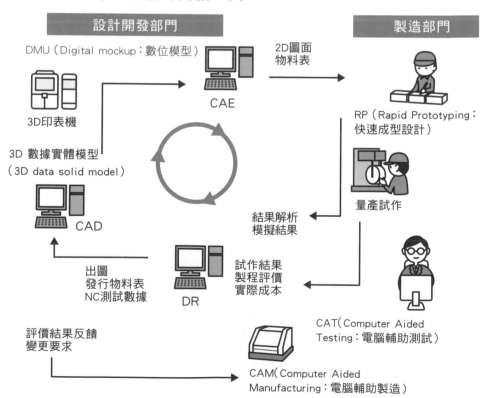

設計開發部門　　　　　製造部門

DMU（Digital mockup：數位模型）

2D圖面
物料表

CAE

3D印表機

RP（Rapid Prototyping：
快速成型設計）

3D 數據實體模型
（3D data solid model）

CAD

量產試作

出圖
發行物料表
NC測試數據

DR

結果解析
模擬結果

試作結果
製程評價
實際成本

CAT(Computer Aided
Testing：電腦輔助測試)

評價結果反饋
變更要求

CAM(Computer Aided
Manufacturing：電腦輔助製造)

✿【圖表 41】軟體開發的課題

最近的設備愈來愈智慧化，
智慧化設計在軟體開發的應用上也占很大的比例

機械零件

電子迴路

內建軟體

- ・互相對應的硬體設備
- ・專用作業系統
- ・應用程式
- ・使用者界面

2-9 BOM（物料清單）是產品資訊管理系統的基礎情報

BOM（物料清單）是所有產品資訊的基礎

產品是什麼東西做的呢？產品結構的物料清單（BOM，Bill Of Material）就是顯示產品的組成和所有零件的資訊。BOM 是由設計部門準備，而生產技術部門則是決定這些零件是否由工廠自製或是外購。

BOM 的概念是什麼呢？BOM 是一種分層式結構表，最下層顯示的是最基礎的組裝零件，其次是基礎零件組成的零組件，最上層就是完成品（【圖表42】）。但是實際上，記錄物料的物料主檔並不會顯示這樣的分層結構，物料主檔只會在該物料上註記描述與其他可以組裝成為組件的相關物料關係。例如，如果顯示器是組件，那麼液晶體和外框就是組件顯示器的子零件（【圖表 42】左側）。

在生產管理中以下的資訊非常重要，如生產製造的前置時間（LT，Lead Time）、不良率（製造過程中的損壞率）以及一個組件必須使用多少個子零件等的資訊都必須註記到生產管理的記錄。 MRP 也會使用這些訊息，加上 MPS 主生產計畫（MPS，Master Production Schedule）的規畫估算所需零件的時間與數量，所以如果原始的資訊不正確，就無法採購正確的零件與數量。

E-BOM（製程材料清單）和 M-BOM（製造材料清單）間的資訊連結

「E-B OM 製程材料清單」因為是由設計部門所編製，記錄所有有關產品的功能與品質等相關技術的資訊，也是公司內部PDM / PLM管理唯一的資料主檔。

另一方面，M-BOM 就是工廠的生產技術部門根據加工處理的方法、加工順序、經濟性等進行管理，是屬於企業資源計畫（ERP，Enterprise Resource Planning）所使用的資料主檔。工廠在編排時也有可能進行更改，例如可能會增加新的零件層級以簡化製造過程或是因為改採為外購方式等都可能會增加或減少零組件的層級數，因此每個工廠可能會有不同的生產物料清單，而之間的差異也就是每個工廠間的能力差異。

我們可以看一下由 E-BOM 到 M-BOM 間的資訊連結。設計部門將技術相關的訊息傳達給工廠的方式我們稱為設計變更，這種傳達的方式可分為兩種類型。一種是僅會傳達變更的部分，稱為「純粹變更方式」，傳達的數據資料比較少，而且只有傳達變更的部分比較容易理解是這個方式的優點。但是，如果調整的順序錯誤或是遺漏了，就無法建立正確的 BOM。

另一種是根據變更的部分重新做一分完整的新 BOM 將舊的 BOM 替換回收，稱之為「整體替換方式」。如此，每次有變更時，就會發送一分新的完整資料，就會產生許多浪費。因此，在實際操作中，可以將「純粹變更方式」設定為常規模式，當作業中感到奇怪時，再使用「整體替換方式」作為輔助。

一般而言，「整體替換方式」在新工廠的建設時，和生產基地的移轉時最能發揮效能。

✸【圖表 42】物料清單的樣貌

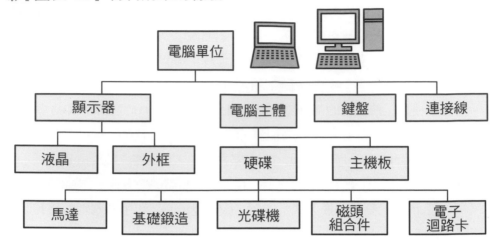

✸【圖表 43】設計物料清單與製造材料清單

工程材料清單	製造材料清單
E-BOM	**M-BOM**
工程材料清單（Engineering Bill of Material）	製造材料清單（Manufacturing Bill of Material）
●由設計部門編製	●由製造技術部門編製
●基本的功能和品質 （和產品規格連動）	●基本的加工方法、步驟和經濟性 （與製造型態、計畫連動）
●PDM／PLM的資料庫	●ERP資料庫

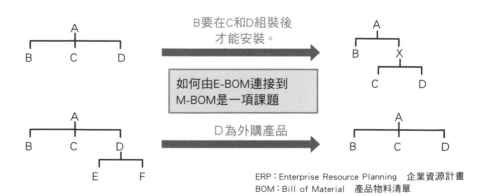

ERP：Enterprise Resource Planning　企業資源計畫
BOM：Bill of Material　產品物料清單

2-10 與技術鏈息息相關的 BOM（物料清單）

製造業二大業務流程：供應鏈和技術鏈

製造業的業務流程可以大致分為二種。

一是與資材調度相關的一連串業務操作，實際的資材也是根據這樣的流程進行內部的管理作業，我們稱為「供應鏈管理（SCM，Supply Chain Management）（請參閱 3-1）。

另一個被稱為「技術鏈」，是由產品的銷售策略開始，經過開發設計、量產、銷售、售後服務以及「產品生命週期」（EOL，End of Life）結束為止的一系列業務資訊作業。

這二個業務流程的供應鍊和技術鏈中有一個共同的匯集之處就是 BOM（物料清單），在稱之為設計變更的執行時，會透過設計變更的技術資訊更新反映到生產線。換句話說，技術部門做成的圖面，必須要切實傳達到產品實際的生產製造，像這樣的技術資訊傳達就是技術鏈的重要功能。

技術鏈的功能和典型代表的 BOM

上述所言技術資訊的傳達，並不是僅限於傳達給製造部門，工廠內的採購部門、資材部門和品質管理部門也都必須一併通知。之後，從工廠裝運出貨後的產品相關技術資訊也應該要傳達到銷售部門和服務部門，並且相關的訊息都必須儲存在每個產品自己的 BOM 表中。像這樣的 BOM，主要有五個（【圖表45】）。

其中的「概念式 BOM」（C-BOM，Conceptual BOM），是在產品規畫階段就必須要編製的 BOM。內容不僅包含了將來要商品化產品的物料資材，還會抱括了所有物料的品質、功能等明確的資訊，以利生產成本的估算。

此外，「銷售 BOM」（S-BOM，Sales BOM）是屬於銷售部門的 BOM，可以使用設定的裝置軟體因應客戶要求，提供客戶各項選擇的功能。

又如「維修 BOM」（R-BOM，Repair BOM），則是服務部門使用的 BOM，

產品出廠後會將產品結構、最新設計版本等訊息建立在 R-BOM，以便將來零件的更換和維修上的資訊使用。有關 E-BOM 和 M-BOM 的細節，請參閱 2-9。

BOM 表的統合和不同目的的 BOM

　　如果根據每個業務目的、流程的不同，可能就要編製許許多多的 BOM，從資料庫的技術角度來看，多個不同業務專用的 BOM 並不是一個好現象，而且萬一 BOM 的內容有不一樣的時候，也容易造成嚴重的業務衝突。為了避免這種情況，最好編製一個綜合的 BOM 並且可以處理每個 BOM 的需求那就很棒了，但是，可以因應每個 BOM 這樣的邏輯實在過於復雜，也難以實際應用。總而言之，要設計一個綜合的 BOM，需要一個如下圖中所表示的技術流程系統。 這也是 2-2 中曾經說明的「產品生命週期管理」（PLM，Product Lifecycle Management）概念，如果可以設計成一個系統，應該就可以實現綜合性 BOM 的要求。

✿【圖表 44】製造業二大業務流程

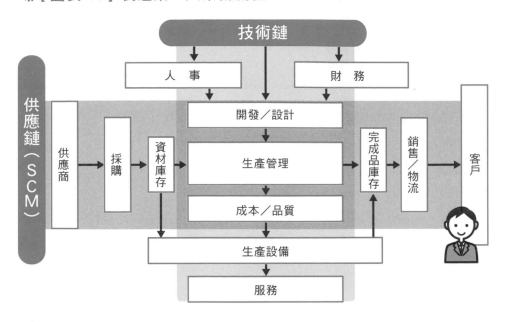

✿【圖表 45】技術產業鏈與 BOM 的關係

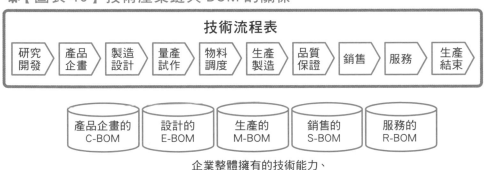

企業整體擁有的技術能力、
知識、經驗、專業知識，有系統地共享

前置參與可以實現快速的產品開發

新產品開發時的前置參與（Front Loading）非常重要

新產品的品質和成本在產品開發設計階段，大概就已經決定了 85％ 或更高。 相反地，一旦產品進入量產階段，無論再怎麼努力地改善製程上品質和成本，效果也不會超過 15％。

因此，製造企業的系統在新產品的開發設計階段就應該充分利用內部資源（例如：人員、設備、資訊系統等）形成一個體制。這樣的體制就稱為「前置參與」；以下就是實施前置參與的五個項目：

（1）同步製程

（2）藉由產品資料管理（PDM）縮短開發週期

（3）模組設計的導入與標準化

（4）零件的標準化、有效利用市場上的標準品

（5）加強開發與生產部門之間的合作

有一種產品改善的方法是上游管理的概念。這個想法是，很好的上游控管會比中下游好好幾倍、相較於數十倍的努力更能得到好的結果。 如果可以將上游管理應用於製造企業的營運，整個生產銷售流程如上游的開發設計、中游的生產製造和下游的維修保養等的每個階段，上游的開發設計階段就可以得到很完善的管理，自然中游的生產製造 QCD 就會有飛躍式的效果。 以製造企業而言，上游管理的活動中最具代表的就是前置參與。

針對上述（1）至（3）另外補充說明如下：

（1）所謂的「同步製程」，是指針對產品從企畫、開發設計到生產準備之間的一連串各種作業活動的同步作業，在量產之前，是一種縮短開發流程的作業手法（【圖表 47】）。

（2）所謂產品資料管理（PDM）是指在產品開發的過程中，所有與產品相關的資料訊息（例如圖面、資料檔案、規格、說明手冊等）加以管理而且設定一個整合性的資訊系統。

（3）中所謂模組的設計是指將產品的基本框架畫分出多個可以組裝的組裝零件。產品模組化的優勢包括，快速的量產進而降低成本，比較容易應付產品的多樣化、新產品設計也比較容縮短開發時間，可以大幅縮短從接到訂單到出貨的交貨時間等。

⚙【圖表 46】何謂前置參與（front loading）？

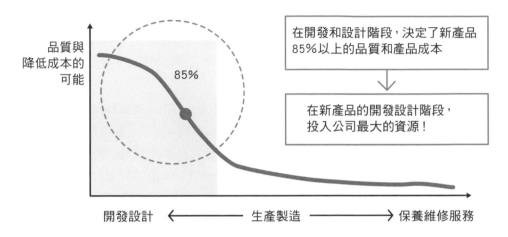

在開發和設計階段，決定了新產品 85% 以上的品質和產品成本

↓

在新產品的開發設計階段，投入公司最大的資源！

品質與降低成本的可能

85%

開發設計 ⟵ 生產製造 ⟶ 保養維修服務

⚙【圖表 47】何謂同步工程（concurrent engineering）？

產業慣用： 序列工程（sequence engineering）

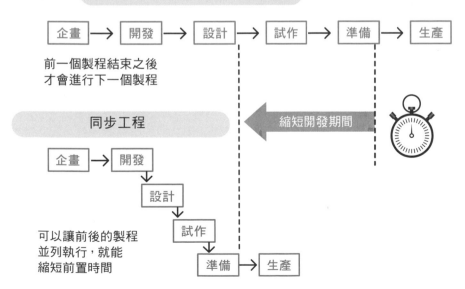

企畫 → 開發 → 設計 → 試作 → 準備 → 生產

前一個製程結束之後才會進行下一個製程

同步工程

縮短開發期間

企畫 → 開發
↓
設計
↓
試作
↓
準備 → 生產

可以讓前後的製程並列執行，就能縮短前置時間

Japan Exception
日本是全世界唯一的例外！！

文／川上正信

這是一件發生在 1970 年代初期的故事。那時筆者在美國大型電腦公司 IBM 的藤澤工廠工作。零件的發包訂單都是由在當時還很少見的 MRP 進行。當時世界各地的每個工廠都會按照美國總公司所批准的生產計畫轉換為 MRP，並按計畫採購零件進行生產。在那個時代，美國總公司已經完全使用 MRP 進行全球工廠的生產控管。

當時，在全球每個工廠 MRP 的遵守狀況，例如，美國和歐洲工廠幾乎都是 100%達到了總公司的要求與預期，可是只有日本工廠只能達到大約 70-80%的效能。針對這個問題，美國總公司也一再要求日本提供原因和改進措施。

其實，達成率低迷的原因是這樣的。當時的 MRP 是採取月循環，可是，需求波動和設計變更卻是每天都在發生，所以可能產生的任何變動，如果不立即決定，萬一有變化，那就還要再等一個月就來不及了，工廠的工作人員也經常因此很難下決定。是要選擇滿足美國總公司的期望達成很高的 MRP 遵守率，還是優先考慮可能產生的變化做快速的應變呢？

日本人天生認真和有責任感的民族性自然就選擇了後者，美國總公司也慢慢意識到日本 MRP 遵守率低迷的原因。在各國的工廠中，日本的 MRP 遵守率一直都是居於下位，但就工廠經營善惡的評價而言，日本工廠的交期遵守率和庫存周轉率卻獨步全球遙遙領先，於是美國總公司對日本有了以下的評價，日本人即使在沒有生產製造的管控情況下，也會盡最大的努力產生達到最佳的結果。然後，也不知道從什麼時候開始，美國總公司開始使用「Japan Exception」一詞來表示「即使 MRP 遵守率很低，日本也是例外！」。

此外在經營管理上也發生了同樣的事情。當時的 IBM 日本總裁，因為日本市場的獨特性和客戶需求向美國總公司的高層提出了一些跟美國總公司不同的決策做法，不但獲得總公司的首肯、還獲得預算的追加，最後也得到了預期的成效，美國總公司的高層也不忘告訴日本，這是「Japan Exception」。

在讀者當中應該會有在跨國企業工作或是在不同的文化體系工作的從業人員，筆者個人的建議，即使在面對與總公司的想法不同的指示時，也可以想想，選擇什麼樣的做法可以為公司創造更好的結果，在可能的範圍之內，何不也試試創造一個「○○ Exception」這樣的讚美呢？筆者相信這將會激勵當地員工也可以產生良好的結果。

第 **3** 章

最新供應鏈的
完整說明

3-1 所謂供應鏈，就是從物料的調度到出貨

調度業務中相關企業間和部門間的合作關係

　　資材的調度對製造業而言應該是最重要的一環，即使在這個 IT 進展神速的時代，零件和產品也無法透過網際網路進行運送。再者，產品的多樣化也造成了產品生命週期的縮短，商業的速度也進入高速化。

　　在這樣的環境下，提高物料採購的精準度、需求波動的靈活因應與效率化，都不是單純只依賴物流公司就可以處理的了，傳統型態如某些公司只負責最專業的部分或是單一企業獨立完成所有的作業，這些都將受到種種的考驗。

　　因此，如何努力促進處於相對對立關係的供應商與客戶之間的關係，能夠達到「整體滿足」與「客戶思維」這樣相互和諧的合作關係，這就是我們所謂的「供應鏈」的概念。在日本的大型家電製造商和汽車工業中，常有被稱為集團的相關企業，這些企業稱除了通過資金關係和人事的交流之外，透過了長久以來的交易而獲得相互信任的關係，實現了一種緊密資材調度的採購合作關係，而將這種關係稱之為供應鏈是一點也不為過。

供應鏈的類型

　　供應鏈可以根據組織的關聯，分為以下三種類型：

① **部門間的供應鏈**：除了連結設計開發、採購調度、製造、銷售、物流等的合作之外，還須從改善現金流的財務角度考量進行企業整體的最適化。甚至可以通過內部努力實現組織的重新編制。

② **企業內的供應鏈**：基本上是以客戶導向為基礎，從零件加工、組品的生產、成品的組裝測試到出貨所形成的一系列流程，也應該是各個部門據點互相配合所形成的一個合作體系，可是卻由於每個組織間的權力關係，有時也容易讓合作關係變得寸步難行。

③ **企業間的供應鏈**：通常我們所說的供應鏈，就是涵蓋原材料採購、零件供應、產品的生產製造、零售／批發和配送等這一系列的流程，也是超越公司

界限的一個業務流程。藉由建立一種信任合作的關係，並且以提高客戶滿意度和集團企業的獲利為目標，讓供應鏈中的企業可以透過這種策略管理的方式達到雙贏的關係。

智慧型供應鏈的實現

在系統方面，雖然使用傳統的基礎系統就可以達到很好的效果，但是，將來應該可以更靈活應用 AI 準確地模擬需求預測和需求的波動。還有也可以透過 IoT 的應用，將計畫資訊及時分享，如何選擇與品質相關的生產製程、設備等級等資訊也讓這些相關資訊共有化，進一步還可以實現產品的履歷追溯（【圖表 48】）。

【圖表 48】供應鏈的支援系統

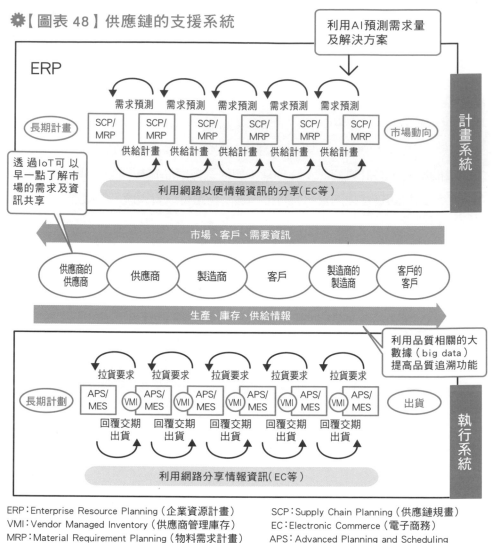

ERP

利用AI預測需求量
及解決方案

長期計畫

需求預測 需求預測 需求預測 需求預測 需求預測

SCP/MRP SCP/MRP SCP/MRP SCP/MRP SCP/MRP SCP/MRP

供給計畫 供給計畫 供給計畫 供給計畫 供給計畫

市場動向

計畫系統

透過IoT可以早一點了解市場的需求及資訊共享

利用網路以便情報資訊的分享（EC等）

市場、客戶、需要資訊

供應商的供應商　供應商　製造商　客戶　製造商的製造商　客戶的客戶

生產、庫存、供給情報

利用品質相關的大數據（big data）提高品質追溯功能

長期計劃

拉貨要求 拉貨要求 拉貨要求 拉貨要求 拉貨要求

APS/MES VMI APS/MES VMI APS/MES VMI APS/MES VMI APS/MES VMI APS/MES

出貨

執行系統

回覆交期出貨 回覆交期出貨 回覆交期出貨 回覆交期出貨 回覆交期出貨

利用網路分享情報資訊（EC等）

ERP：Enterprise Resource Planning（企業資源計畫）
VMI：Vendor Managed Inventory（供應商管理庫存）
MRP：Material Requirement Planning（物料需求計畫）
MES：Manufacturing Execution System（製造執行系統）

SCP：Supply Chain Planning（供應鏈規畫）
EC：Electronic Commerce（電子商務）
APS：Advanced Planning and Scheduling
　　　（進階的生產計畫與排程）

※即使是同一個供應商，依據零件品項的不同，VMI與拉貨、交期的要求也應分開。

3-2 供應鏈發展的各個階段

為什麼會有 SCM 供應鏈管理？

　　1960 年代至 1970 年代，日本的經濟高度發展，當時正處於供不應求的時代。 為了滿足不斷增加的需求，製造商一方面追求部門功能和組織上的優化，一方面致力於產品的生產製造。

　　當時的生產型態主要是以「少樣多量」為生產主流，但是進入 1980 年代，經濟的高速發展慢慢地隱約出現停滯，客戶的需求也朝向了多樣化。在快速的變化之中，一直以來追求的部門功能和組織上的優化已經趕不上生產製造的變化，也造成許多方面的浪費。面對以上問題的改善因應，也就有了跨部門功能、跨組織的生產製造和 SCM 供應鏈管理（SCM，Supply Chain Management）的產生。隨著 SCM 的問世，現在已經可以快速地反映和因應市場和客戶需求（【圖表 49】）。

SCM 供應鏈管理的發展和導入後的成效

　　SCM 從第一階段的部門之間的 SCM 到全球化的 SCM，總共可以有五個發展階段。隨著每個階段的發展，相互合作（鏈結）的範圍有從部門擴展到企業之間、也有從國內擴展到海外。其中每個階段的定義請參閱【圖表 50】。

　　導入 SCM 的最大作用就是可以消除部門之間、部門功能和企業之間的不一致所造成的許多浪費（庫存和交貨時間）。從這些不一致的程度來看，職能之間的不一致會比部門之間的大、企業之間又比職能之間的不一致大，海外又比國內的範圍更大、更廣，相對於這些的比例，浪費的程度也相對的增加。隨著步調的發展，在相對的階段導入相對的 SCM 就可以讓效果達到最大。

　　順便一說，現在的日本製造企業供應鏈管理目前處於什麼階段呢？不幸的日本目前仍然停留在第二階段。對於正在全球化的日本製造業，如何邁向第三和第四階段將是未來的主要課題。解決的方法不外是愈來愈重要的企業間與國際間的相互合作。

❖【圖表 49】為什麼會有 SCM · 供應鏈管理？

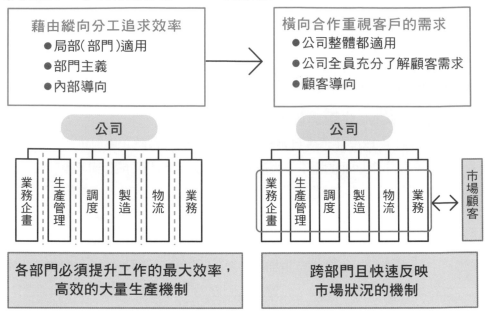

藉由縱向分工追求效率	橫向合作重視客戶的需求
●局部(部門)適用	●公司整體都適用
●部門主義	●公司全員充分了解顧客需求
●內部導向	●顧客導向

公司 — 業務企畫／生產管理／調度／製造／物流／業務

公司 — 業務企畫／生產管理／調度／製造／物流／業務 ↔ 市場顧客

各部門必須提升工作的最大效率，高效的大量生產機制

跨部門且快速反映市場狀況的機制

❖【圖表 50】供應鏈管理（SCM）的發展和導入後的成效

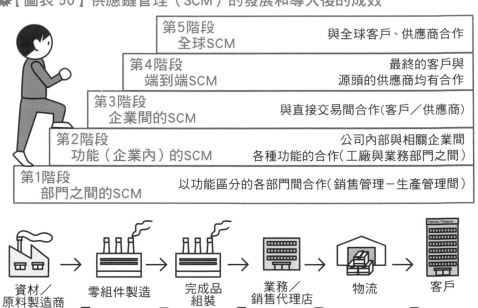

第5階段 全球SCM	與全球客戶、供應商合作
第4階段 端到端SCM	最終的客戶與源頭的供應商均有合作
第3階段 企業間的SCM	與直接交易間合作(客戶／供應商)
第2階段 功能（企業內）的SCM	公司內部與相關企業間各種功能的合作(工廠與業務部門之間)
第1階段 部門之間的SCM	以功能區分的各部門間合作(銷售管理－生產管理間)

資材／原料製造商 → 零組件製造 → 完成品組裝 → 業務／銷售代理店 → 物流 → 客戶

浪費　浪費　浪費　浪費　浪費

在部門之間、功能區分之間、企業之間，都會產生許多浪費

3-3 連接工廠各種功能的供應鏈

構成供應鏈的工廠功能

在前面的 3-1 和 3-2 當中，我們解釋了供應鏈的歷史和整體的狀況，發展的階段和智慧供應鏈等。而在工廠則必須結合製造管理部門、採購部門、資材部門、製造部門、品質管理部門和會計部門的相互合作才可能進行產品的生產製造。另一方面，如果從不同的角度看待同一家工廠，則是將工廠中的生產銷售庫存計畫、物料需求計畫（MRP）、採購管理、庫存管理、流程管理和物流管理等功能鏈接在一起，建立一個稱之為工廠的大型功能實體。

企業本來就會擁有多個不同功能，也可能同時擁有好幾個工廠。這些工廠的就形成了「功能（企業內部）供應鏈」、進而形成「企業間供應鏈」、再經過「端到端（End to End）供應鏈」階段，最終才能達到「全球供應鏈」的最終目標。

曾經有這麼一句話「千里之行始於足下」，也就是即使希望達到全球供應鏈的最終目標，也不可能一下子就能立即達成目標。成功地跨越部門和職能間的供應鏈是邁向更高層次的第一步。

六個功能與關鍵字

功能之間的供應鏈是由以下六個部分組成（【圖表 51】）。

① **生產銷售庫存計畫**：內容包含了需求預測、銷售計畫、庫存計畫、生產計畫、主生產計畫等作業。關鍵字是「對需求波動迅速因應」。

② **物料需求計畫（MRP）**：根據主生產計畫推算所需的物料，並且連結到物料零件的生產製造指示派令和採購指示派令。關鍵字是「將最新的生產計畫快速且毫無遺漏地連結到物料零件採購指示派令」。

③ **採購管理**：涵蓋採購指示派令的發行到交貨日期的管理、驗收、檢驗和應付帳款管理等業務；關鍵字是「與強大的供應商建立雙贏的往來關係」。

④ **庫存管理**：涵蓋物料和在製品，以及完成品的出入庫管理、庫存盤點管理、ABC 管理和剩餘庫存管理等業務，關鍵字是「保持適當的庫存和維持庫存的準確度」。

⑤ **製程管理**：包括生產指示派令的發行、計畫、製程進度管理、製程的品質管理、績效評估管理等。 關鍵字是「消除製造瓶頸與產線負載的平準化」。

⑥ **物流管理**：主要是以倉庫管理和運輸管理為重心。 關鍵字是「物流的可視化」。

在以下的章節，我們將詳細說明構成的功能和供應鏈的六個功能與主要支援資訊的相關系統。

✿【圖表 51】形成供應鏈的工廠功能

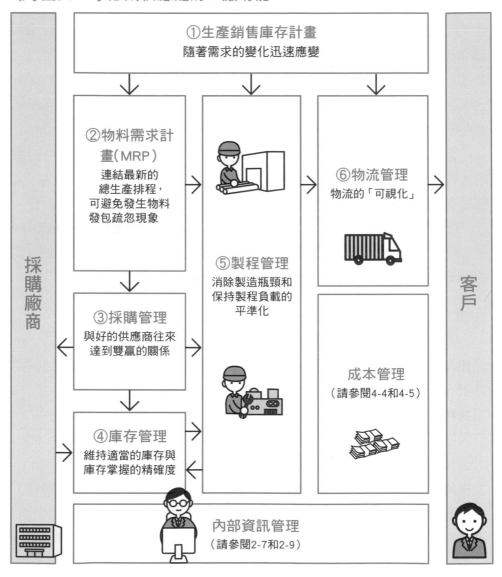

3-4 從需求預測到生產規畫的生產銷售庫存計畫系統

需求預測和銷售計畫是生產製造的出發點

生產銷售庫存計畫是生產計畫編排的一環，生產活動的出發點。業務流程依序為「需求預測 / 銷售計畫→庫存計畫→生產計畫→主生產計畫」的順序。在本章節，我們會先說明構成生產銷售庫存計畫的需求預測 / 銷售計畫、庫存計畫和生產計畫的要點。主生產計畫會留到下一個章節再說明。

銷售部門所製定的「銷售計畫」會根據市場上最熱銷的產品、過去的銷售績效、還有競爭對手的產品等，按照產品種類、不同期間做成計畫。

銷售計畫可以說是一項從無到有的企畫工作，因此在製定計畫時總是需要一個線索，這個線索就是「需求預測」。【圖表 52】就是需求預測的模型案例。需求預測模型並不需要做很複雜的預測模型，簡單的預測模型有時也很可能促成商品銷售的成功；通常會根據產品的特性和市場特性選擇最合適的模型。

庫存計畫和生產計畫

銷售計畫是根據需求預測所編定而成，但計畫總歸只是計畫。實際上，銷售計畫和收到的訂單之間通常是有差距的，如果接到的訂單多於銷售計畫，則會失去許多銷售機會。因此，為了防止機會流失，產品庫存就成了必要的步驟。相反地，如果接到的訂單少於銷售計畫，則產品庫存變得多餘。「庫存計畫」就是希望將庫存量做一個很好的調整所產生的計畫，在這裡最重要的是正確的庫存量，也就「不能太多也不能太少」那種剛剛好的感覺。

上述的銷售計畫和庫存計畫都僅是顯示銷售相關部門的期望，而不是取得生產部門保證的計畫。

「生產計畫」中重要的是製定一個可以執行（生產）的計畫，如果某個製程的負荷超過了生產能力，生產部門就盡量將「製程向前調整」或以「加班、假日出勤」、「委託外包生產製造」來因應，一邊調整製程的負荷量一邊修改可能執行的生產計畫（【圖表 53】）。

✿【圖表 52】需求預測模型的各種範例

根據產品及市場特性選擇最合適的預測模式時非常重要的

No	需求預測模型名稱	雜訊	趨勢	週期	外部數據
1	單純移動平均	●			
2	移動平均	●			
3	一次指數平滑	●			
4	二次指數平滑	●	●		
5	曲線擬合	●	●	●	
6	自我迴歸	●		●	
7	自我迴歸移動平均	●		●	
8	整合移動平均自我迴歸	●	●	●	
9	溫特(Winter)模式	●	●	●	
10	神經網絡(neural network)	●	▲	▲	●
11	多元迴歸	●		●	●

（出處:《因應庫存管理的需求預測》(暫譯,原書名:在庫管理のための需要管理 *)
* 淺田克暢、岩崎哲也、青山行宏著, 東洋經濟新報社出版

✿【圖表 53】製程負載調整的設定方法

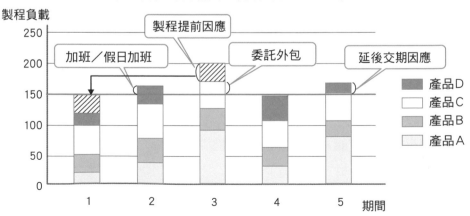

某一製程的負載調整(製程能力:150)

3-5 從生產計畫到主生產排程的生產銷售庫存計畫系統

從生產計畫到主生產排程

在 3-4 中我們已經了解生產計畫是以產品的群組為計畫單位、計畫週期則是以月或週為循環，可以說是一個約略的生產計畫。而將這個約略的生產計畫根據工廠的生產狀況再加以細分就成為所謂的「主生產計畫」。 在主生產計畫中，會將產品群組再細分為產品型號（產品編號），而計畫週期則更細化為以天為單位。

從產品群組再細分為產品型號（產品編號）

生產計畫要從產品群組細分到產品型號，就要使用所謂的「生產計畫表」。生產計畫表可以由銷售部門的指定，也可以根據過去的銷售實績結果加以編排（【圖表 54】）。圖中假設產品 A1、A2 和 A3 三種型號產品統稱為產品群組 A，根據圖中的「生產計畫表 X」，將每個月生產的百分比（％）換算為每個型號每月的生產數量。 稍微複雜的是「生產計畫表 Y」，「基本結構」是產品群組 A 的所有產品型號的共通組品，「可選擇規格」部分則是會從中擇一作為組品零件，「追加規格」則是可選用也可以選擇不使用的組品零件。

計畫週期由月週期細分位日週期

從每月到每日的細分計畫的做法會經過兩個步驟。 第一是將產品群組的總生產數先分割成每日的生產台數，第二步再將每日的數量分配給每個產品型號（【圖表 55】）。

第一步：先將每月的總數量除以該月的工作日數。 如果可以整除，那每個工作日就可以放相同的數量。若無法整除，數量會有不同時，不一樣數量的日期也要考慮其他產品的產量，盡量讓產線平準化，從幾個試算模擬擇一採用。

第二步：上述的做法擇一之後，就可以將每日的數量分配給每個產品型號。為了提高工作效率，通常會以組裝作業較少的產品進行產品型號的分配順序，但若完全不需要組裝作業的產品時，產品型號 A1、A2 和 A3 就可以每天平均分配生產。

計畫表 X

產品A	N月	N+1月	N+2月	N+3月
A1	50%	45%	50%	40%
A2	20%	25%	25%	30%
A3	30%	30%	25%	30%

↓

每個月的產能是100台時

產品A	N月	N+1月	N+2月	N+3月
A1	50	45	50	40
A2	20	25	25	30
A3	30	30	25	30

計畫表 Y（以汽車產業為例）

產品A		
基本結構	本體	100%
	引擎	100%
可選擇規格	手排5速	25%
	自排5速	45%
	自排4速	35%
追加規格	導航器	30%
	行車記錄器	20%

↓

每個月的產能是100台時

產品A		
基本構成	本體	100
	引擎	100
可選擇規格	手排5速	25
	自排5速	45
	自排4速	35
追加規格	導航器	30
	行車記錄器	20

✿【圖表 55】由每月細分為每天單位

第一階段

產品A	1	2	3	4	5	6	7	8	9	10	11	12	13	14	15	16	17	18	19	20	21	22	23	24	25	26	27	28	29	30	合計
	一	二	三	四	五	六	日	一	二	三	四	五	六	日	一	二	三	四	五	六	日	一	二	三	四	五	六	日	一	二	
案1	4	4	5	5	5			4	4	5	5	5			4	4	5	5	5			4	4	5	5	5			4	4	100
案2	5	5	5	4	4			5	5	5	4	4			5	5	5	4	4			5	5	5	4	4			4	4	100
案3	5	5	5	5	5			5	5	5	5	5			5	5	4	4	4			4	4	4	4	4			4	4	100

N月（產量:100台）

第二階段 ↓ 如果選擇「案1」

產品A	1	2	3	4	5	6	7	8	9	10	11	12	13	14	15	16	17	18	19	20	21	22	23	24	25	26	27	28	29	30	合計
	一	二	三	四	五	六	日	一	二	三	四	五	六	日	一	二	三	四	五	六	日	一	二	三	四	五	六	日	一	二	
A1	4	4	5	5	5			4	4	5	5	5			4																50
A2																4	5	5	5			1									20
A3																						3	4	5	5	5			4	4	30
合計	4	4	5	5	5			4	4	5	5	5			4	4	5	5	5			4	4	5	5	5			4	4	100

N月（產量:100台）

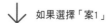

3-6 MRP（物料需求計畫）的結構與功能

MRP（物料需求計畫）的結構

如果希望按照 3-5 中所描述的主生產計畫進行生產，首先就要準備製造所需的零件和原料。所謂的產品零件或是材料，即使是零件較少的產品也會有上百個零件、原料，多的產品也有可能達到幾萬個零件。這麼多的零件調度，倘若只依靠人工計算是很難完成，所以就有了「物料需求計畫」（MRP，Material Requirements Planning）系統的運用。要執行 MRP 系統，需要以下三種資訊。

需求資訊：主要需求資訊雖然是主生產計畫，但是零件和原料也是要獨立建立需求量。

內部資訊：如果要細分所有物料的個別需要量那就一定需要各種的主要資訊。例如，物料清單（BOM）、物料主檔和生產製程計畫表都是主要的資訊，同時也被稱三大主要標準資訊。

庫存資訊：這不是僅僅是指實際的庫存，還包括即將交貨入庫的計畫庫存。

MRP 就是使用這三種資訊來執行物料需求計畫的編製，同時也會編製採購指示派令和生產指示派令的初稿。

MRP 的計算循環和計算結構

MRP 就是根據物料清單並以主生產計畫為基礎，依順時針方向如，「總需求計算→淨需求計算→計畫指示派令的批次整理→計畫指示派令的開始日期／完成日期計算」的順序，將物料清單上的品項由上而下反覆計算，在加上計畫週期，計算物料清單上的每個品項所需的數量。（【圖表 56】）。因為操作的型態類似時鐘指針的旋轉方式，因此又會將 MRP 的計算調整稱為「MRP 的轉動」。這樣的反覆計算循環，無論是零件很簡單的或是很複雜的產品都不是問題，只要依照 BOM 表由物料表的最上層一項一項往下到最底層的物料反覆計算即可。然後，物料的淨需求即是總需求減去庫存。

MRP 的計算，物料清單是由上而下，同時也要顧及垂直（縱向）和水平（橫向）方向的計算，按步進行數量計算的總和（【圖表 57】）。

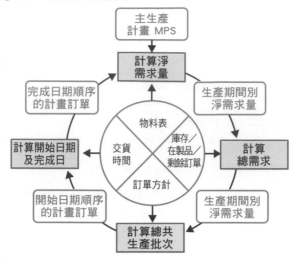

✿ 【圖表57】MRP的計算機制

產品 Z 的物料清單

產品 Z 與零組件 X、Y、W 均為：

- 生產製造所需時間＝2期間
- 依生產批次分析
- 注意：零組件 X 是產品 Z 和零組件 Y 的零件

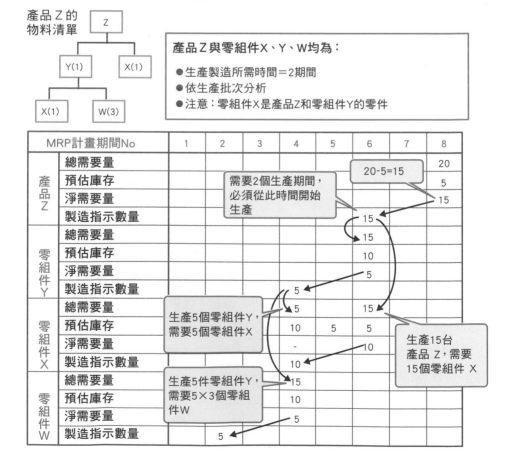

MRP計畫期間No		1	2	3	4	5	6	7	8
產品 Z	總需要量								20
	預估庫存								5
	淨需要量								15
	製造指示數量						15		
零組件 Y	總需要量						15		
	預估庫存						10		
	淨需要量						5		
	製造指示數量				5				
零組件 X	總需要量				5		15		
	預估庫存				10	5	5		
	淨需要量				-		10		
	製造指示數量				10				
零組件 W	總需要量				15				
	預估庫存				10				
	淨需要量				5				
	製造指示數量		5						

20-5=15

需要2個生產期間，必須從此時間開始生產

生產5個零組件Y，需要5個零組件X

生產15台產品 Z，需要15個零組件 X

生產5件零組件Y，需要5×3個零組件W

3-7 以物料需求計畫（MRP）計算為基礎的採購指示派令和生產指示派令評估

採購指示派令和生產指示派令方案的可行性評估

　　MRP 的輸出就是採購指示派令和生產指示派令方案初稿。 這些初稿還要經過專業部門（生產管理部門）進行可行性評估（【圖表 58】）。 評估結果可分為三種：①可以不加修改直接下達採購執行指示派令，②修改後再發行採購執行指示派令，以及③停止發行指示派令等三種。 最理想情況當然就是直接採用方案初稿的①，但實際上是比較困難的，通常①的比列大概占整體的 70％至 90％。換句話說，總數的 10％至 30％會屬於②或③。這是什麼原因呢？一般是因為資料如需求資訊，內部資訊和庫存訊息等的輸入跟事實有差距的關係（【圖表 59】）。

MRP 適性報告的使用方法

　　所謂 MRP 適性報告，就是針對生產指示派令和採購指示派令方案初稿進行可行性的評估以及更正後的結果所提出的報告。 報告不僅可作為當次結果執行計畫，也可做為下一個 MRP 的改進和缺點預防提供重要的參考訊息。

　　生產管理部門的擔當負責人員有責任針對②和③查明真正的原因，並採取改善措施和預防再犯。這樣一來，②和③的數量應該也會愈來愈少，那麼 MRP 的利用度也能增加，也將大大減少對生產指示派令和採購指示派令方案初稿有效性評所需的工作時間。

上游管理對 MRP 很重要

　　近年來，許多製造企業也慢慢引進上游管理的概念以提高 MRP 的利用率。所謂 上游管理就是在 MRP 的資料輸入之前，確實地掌握和確認資料是否與事實一致或完整，有必要修正後再輸入正確資料。我們從 BOM 表的概念圖就可以看出，在產品層級上如果有任何一件資料不正確，那麼 MRP 的正確性就會變小，所以及時的修正再編排 MRP，那麼就可以省去產品層級以下數百或是數千個零件和物料的事後修改，MRP 的有效性評估，也會因為事前的正確資料而有顯著效率提升，並且可以縮短工時。

✿【圖表 58】採購指示派令和生產指示派令方案的可行性評估

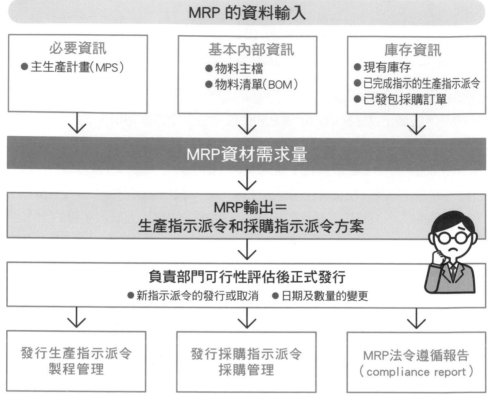

MPS: Master Production Schedule

✿【圖表 59】不採用採購指示派令和生產指示派令方案初稿的原因

需要資訊	●主生產計畫編成之後，發生劇烈變化（突然接到大訂單或大訂單臨時取消）
內部資訊	●BOM不正確 ●設計變更卻沒有不會反映在BOM表或物料主檔 ●誤指示生產指示派令為採購指示派令 ●採購交貨期和製造前置期不正確
庫存資訊	●庫存數量不正確 ●預計將剩餘庫存挪用為替代品 ●沒有反映已經發包的訂單數量 ●已交貨的採購訂單仍顯示未交貨

3-8 MRP 方式與製造編號管理的生產型態分類

MRP 的特徵與功能

所謂「MRP 方式」是根據產品的需求預測，編製生產所需的物料採購調度方案的功能，在技術上具有以下二個特別值得注意的機制。

「低階代碼原則」（LLC，Low Level Code）執行時，必須要清楚調查每個零件在整個產品中是屬於那個層級代碼，而且一定要顯示到產品最低層級的零件。因為了解最低層級之後，其下再也不會有相同的零件需要合算，所以這時使用 MRP 的物料代碼進行同樣物料的採購調度，所得到的數量就會比較合理。

另一種由 MRP 輸出所編製的生產指示派令再回饋作為輸入的資料，自動產生出由上到下排列的物料清單的機制。所產生的物料供給資訊可以按品項編號作數量上的統計合算，如此有了總量管理之後也可使用於其他共通物料的產品，如此一來也不需要準備過多的備料造成浪費。

製造編號管理的功能和備料的比較

「製造編號管理辦法」是在開始預備產品的生產之前，設定「製造編號」（日文：製番 Seiban），所有有關這個產品從計畫、發包、出貨等到出貨為止的工作指示，全部作業都以這個製造編號統籌管理。這樣做的優點是便於產品的實際成本計算、客戶訂單的進度管理以及便於設計變更所需的零件切換管理。

此外有關於共通零件的部分，如果是以製造編號作為零件採購依據，一旦採購之後未經允許是不可任意使用，萬一客戶訂單有所變動，多餘的零件如要挪至他處使用，在系統上也不容易處理。

當然為了避免浪費，透過擔當負責人員之間的系統手動調整零件庫存也不是不可能，但是，缺點就是萬一實際的庫存量和系統上的數值不符時，反而還要更費時費力再次作系統上的手動調整。

根據上述的說明，也不能絕對判斷是 MRP 方法比較好，或是使用製造編號生產方法比較好，還是要考慮產品的特性，才能判斷那一種方法比較合適。

一般而言，MRP 通常用於汽車和家電用品這樣大量生產的產品，製造編號管理比較適用於生產設備和大型船舶等個別訂單的產品。

✿【圖表 60】MRP 處理流程

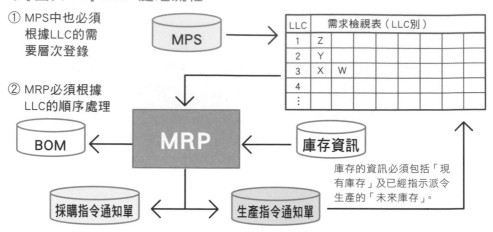

① MPS中也必須根據LLC的需要層次登錄

② MRP必須根據LLC的順序處理

庫存的資訊必須包括「現有庫存」及已經指示派令生產的「未來庫存」。

③ 已經生產的生產指令通知單應該要在需求資訊（LLC別）的需求量處登錄進料

✿【圖表 61】MRP 管理流程

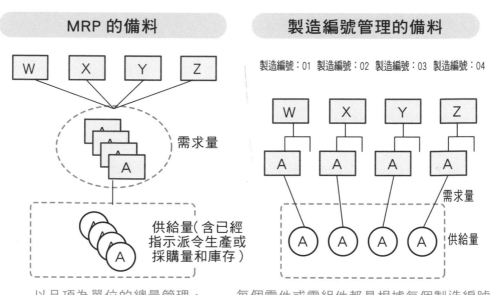

以品項為單位的總量管理，可使用於可能的任一產品

每個零件或零組件都是根據每個製造編號的每個製程註記使用，稱之為「吊卡」

3-9 採購管理系統的供應商訂單與交貨管理

採購管理系統的功能

在製造業中，不僅是生產時所必須的材料和設備，與生產活動沒有直接關係的各種物品，例如文具和雜項用品等也都是必須由外部採購，這樣一連串採購行為所仰賴的就是所謂的「採購管理系統」。

一般購買的品項可分為：生產用的物料和一般用品採購二種，每種都各有各的特徵（【圖表 62】）。生產用的物料因為是製造成產品出售，根據我們在第二章中討論的 BOM 表，應該就足以說明了。其他一般用品採購並不屬於直接出貨的品項，只能說是生產活動中必需的用品和服務。

再者，比較二種物品的採購，會產生以下二項較大的差異。

（1）生產用的物料採購，一定要事先取得估價單，並按確定價格重複採購。但是一般用品的採購只有在必要時，才需要先取得估價單再進行採購，業務的流程有些不同。

（2）生產用的物料採購在必要時，即使不在預算之內也會採買。一般用品的採購如果沒有預算，就不進行採購。因此，也可以設計一個系統同時可以應用在上述二種的採購行為，但是一般都是個別的採購行為，使用自己的採購系統。

供應商訂單與交貨的具體管理方法

在管理供應商訂單和交貨上，一般採購的公司在發行訂單時，也會一併附上產品的交貨規格書。這是因為如果往來的供應家數有好幾家的時候，避免交貨時每一家都附上不同的規格書，這樣交貨處理作業就會變得很麻煩。

另一方面，從供應商的角度來看，自然而然是希望使用他們的交貨規格書。這樣一來，供應商也不用針對不同的客戶處理相同品項卻有不同形式的交貨規格書。在這種雙方意見對立的狀況下，習慣上還是會採用訂購方的交貨規格書。在以前的時代，交貨規格書都是發行紙本，無論是保管的場所或是調閱資料都是一件很麻煩的事，但是現在因為電子資料交換（EDI，Electronic Data Interchange），資料的提供接收就變得輕鬆許多了。

在日本有所謂的「承諾書」（請書 Ukesyo）需要繳納印花稅，但是即使不使用承諾書，也經常會透過合約的簽訂註明「如果沒有明確拒絕的通知時，則視為接受」等來確定訂單合約的方法也經常被使用。 如果是使用 EDI，只要進入系統就會形成記錄，倘若還能將 EDI 的操作系統委託外包給第三方，客觀性就更高了。

此外，訂單交貨和驗收只是為了確認交貨的品項、交貨日期和數量，物料並沒有開始用於生產，所以還沒有付款的義務。通過檢查確認功能之後，開始投入生產才會成為付款的對象。

✿【圖表 62】採購的品項有哪些？

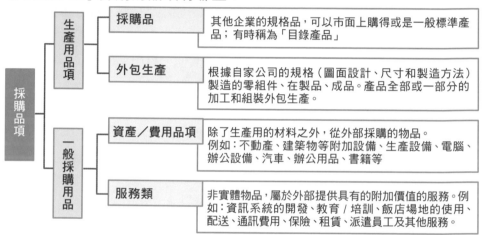

✿【圖表 63】從下單到付款與供應商間協議的產品入庫檢驗與實際驗收的差異

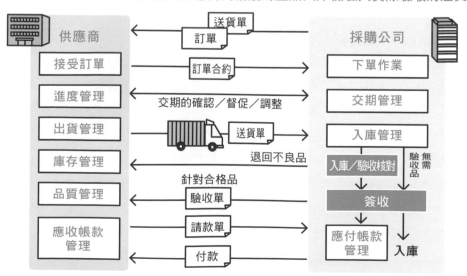

³-10 非正式與正式的採購方式、看板系統、VMI 存貨管理等的採購管理系統

盡可能縮短採購的交期

組裝加工產業中，材料成本約占製造成本的 60％至 80％，所以必要的材料採購是生產製造中很重要的一環。 物料下單當然是根據需要預測，使用 MRP 規畫下單，但是如果採購交貨期很長，那就必須比所需交貨的日期更早就應該下單（【圖表 64】）。 儘管為了避免零件短缺和庫存增加，希望訂購必要的數量就好，但是也不可能輕易縮短採購的交貨期，所以就必需要在各個方面下工夫。

縮短採購交期的方法

縮短採購交期的方法主要有以下三種（【圖表 64】）：

①非正式的內部指示和正式下單的採購系統

在這種方法中，必須預先算出所需的物料總量和工時，並先告知供應商預先準備。發行正式的確定訂單通常會比一般日常的訂單可能需要更多的時間，預測的準確性也會相對地比較高，也比較能達到減少庫存的預期效果。

②送貨通知和看板系統

這是一種非正式與正式確定後發行訂單的方法，在採購訂單實際交貨時才會發行送貨通知，並且還會根據產線上的生產狀況分批交貨。在汽車業界，除了正式訂單發行前會發行一個周期的非正式需求通知外，還會再多加發一個周期的非正式的需求通知，如此一來，供應商就可以提早向供應商自己的供應鏈與供應商提供訊息，也就可以提高整體供應鏈的效率。此外，送貨通知也可以利用顯示實際數據的「看板」來取代。

③ VMI：供應商代管的存貨管理（VMI，Vendor Managed Inventory 寄放託付庫存的方法）

　　VMI 是縮短交貨期最終極的辦法。這個方法是將物料的庫存一直放在供應商的帳上，但是實際的物料會先存放到採購方的生產線，等到生產線有需要時就可以隨時取用，採購方也僅就取用的物料下單付款。採購方不但可以確保物料的存貨，也不會產生自己的庫存和交貨等待時間。

　　再者，因為會向合作的供應商提供生產計畫，因此物料的總需求量也很容易估算，採購方還提供了供應商一個物料可以預先存儲的地方，可謂是一種雙贏的方法。而且在系統上也不需要大幅調整，因此非常便利。

❀【圖表 64】各種的採購管理系統

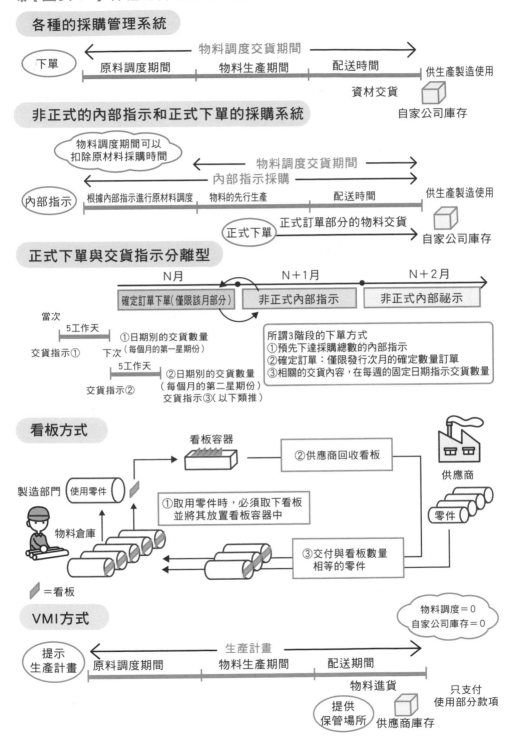

各種的採購管理系統

下單

←—————— 物料調度交貨期間 ——————→

| 原料調度期間 | 物料生產期間 | 配送時間 |

供生產製造使用

資材交貨

自家公司庫存

非正式的內部指示和正式下單的採購系統

物料調度期間可以
扣除原材料採購時間

內部指示

←—————— 物料調度交貨期間 ——————→

←—————— 內部指示採購 ——————→

| 根據內部指示進行原材料調度 | 物料的先行生產 | 配送時間 |

供生產製造使用

正式下單   正式訂單部分的物料交貨

自家公司庫存

正式下單與交貨指示分離型

N月　　　　　　　N+1月　　　　　　　N+2月

確定訂單下單(僅限該月部分)　　非正式內部指示　　非正式內部祕示

當次

5工作天　　①日期別的交貨數量
交貨指示①　　下次　（每個月的第一星期份）

5工作天　　②日期別的交貨數量
交貨指示②　　（每個月的第二星期份）
交貨指示③（以下類推）

所謂3階段的下單方式
①預先下達採購總數的內部指示
②確定訂單：僅限發行次月的確定數量訂單
③相關的交貨內容，在每週的固定日期指示交貨數量

看板方式

看板容器

②供應商回收看板

供應商

製造部門　使用零件

①取用零件時，必須取下看板
並將其放置看板容器中

零件

物料倉庫

③交付與看板數量
相等的零件

▮=看板

VMI方式

物料調度＝0
自家公司庫存＝0

提示
生產計畫

←—————— 生產計畫 ——————→

| 原料調度期間 | 物料生產期間 | 配送期間 |

物料進貨

只支付
使用部分款項

提供
保管場所　供應商庫存

負責採購交易的供應商關係管理（SRM）系統

採購管理方式不同企業獲利也會不同

　　採購管理的方式會直接影響企業獲利。當然產品不同做法也不同，但通常材料成本就占了製造成本的60％至80％，所以如果可以降低材料成本，那麼製造成本當然也就可以降低，獲利也會相對增加（【圖表65】）。

　　此外，產品在生產製造過程中，即使只是一個零件物料的短缺，生產活動也會因此停擺，所以適時適量的物料調度是支援生產活動及採購管理的重要活動。

SRM（供應商關係管理）

　　由以上的角度來看，採購管理很重要，但是要實現這些目標，而且如何與優秀的供應商攜手達到雙贏的關係也非常重要。而支援這個買賣交易的資訊系統就是供應商關係管理（SRM，Supplier Relationship Management）系統（【圖表66】）。SRM的主要目的是「確保優秀的供應商」、「降低採購單價」和「提高採購效率」。企業可以透過供應商關係管理系統重新審視與供應商之間的關係並從策略上管理這些關係，讓企業從設計開發到材料採購進行全面的改善並且調整整個運營功能。

　　在SRM中，用於設計開發業務的零件選擇應該都已經包括在系統中，所以設計部門也可以說是屬於SRM的範圍。具體來說，設計開發人員本來就會從採購物料和供應商資訊的資料庫取得參考資料，同時選擇零件進行設計工作。

　　像這樣，從設計開發、物料採購到生產製造的每個部門都可能使用共通的材料或是供應商資訊來進行自己的工作，所以如果可以藉由一個統合性的採購管理系統，那麼就可以實現降低成本和創造獲利的目標。

　　在3-10中，我們解釋了物料零件的採購下單、交貨管理、非正式和正式確認的訂購系統等結構機制。但是，這些採購管理系統的運用是否能夠成功，供應商的良莠是關鍵因素。由此來看，SRM可以說是一個非常重要的系統。

✿【圖表 65】為什麼採購管理很重要

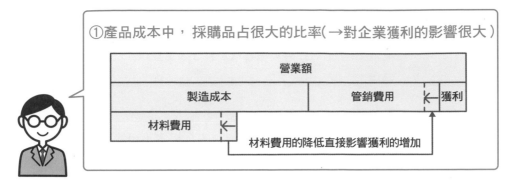

①產品成本中，採購品占很大的比率(→對企業獲利的影響很大)

營業額			
製造成本		管銷費用	獲利
材料費用		材料費用的降低直接影響獲利的增加	

②生產製造的第一步

物料資材沒有備全，就沒有辦法生產。所以避免物料的延遲交貨、品質不良、適時適量的採購方式就是採購的重要功能

✿【圖表 66】供應商關係管理（SRM）的結構

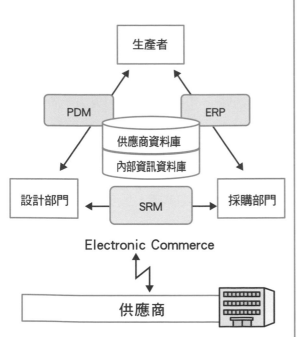

SRM所需的功能

● 潛在供應商和其產品相關訊息的資料庫

● 個別供應商的相關資料(例如：公司的經營狀況、技術動向等)

● 全球化的功能

● 供應商的歷史採購紀錄、相關資訊(例如：品質、交期、價格)

● 合約管理

● 採購流程管理(例如：報價、合約、訂單等)

● 業務協作的推展(共同開發等)

● 試作管理

● 電子商務
（EC，Electronic Commerce）

● 交易實績的統計

3-12 庫存資訊是 生產管理最核心的資訊

庫存資訊是生產管理的核心資訊

　　庫存資訊是生產管理最核心的資訊。 沒有庫存根本不可能生產任何產品。但是，如果庫存過多，現金流量就會惡化，相反地如果庫存量太低，也會降低生產效率、喪失銷售的機會（【圖表 67】）。 所以也可以說，由每個業務系統所形成的生產管理系統都是以庫存資訊為中心（【圖表 68】）。

活用庫存資訊的資訊系統

交貨日期的回覆系統　根據以下的優先順序檢查庫存，並回覆交期。

　　庫存的有無很容易左右客戶的滿意度。

- 優先順位 1：是否有足以滿足客戶訂單的可用庫存？
- 優先順位 2：是否有足以滿足客戶訂單的的計畫庫存（已下單但尚未交貨的庫存）？
- 優先順位 3：現在下單何時可交貨？

MRP 系統　根據主生產計畫可以計算出物料的需求量，也可以編製生產指示派令和採購指示派令方案的初稿。物料的需求量會按「總需求量→淨需求量→批次匯總→開始日期與完成日期」的順序進行估算，再根據庫存資料算出淨需求量，此時就會使用以下公式。

　　淨需求 = 總需求 -（庫存 + 計畫庫存）

WMS 系統：根據入庫資訊，庫存數量必須加上入庫，再根據出庫的資訊，庫存數量又必須減去出庫數量。如果入庫和出庫的資訊錯誤，那麼庫存的準確度就會大大降低，因此確保輸入的訊息正確非常的重要。

庫存分析系統：定期調查庫存金額、庫存周轉率、庫存周轉速度、長期庫存、呆滯庫存等，並確認庫存的穩健性。

成本管理系統：庫存為公司資產，是成本會計、財務會計和管理會計的要項。

　　庫存的資訊不僅用於內部的資訊系統管理，而且還會運用於各種生產管理作業系統。從這個角度來看，庫存資訊可以說是生產管理的核心資訊。

❀【圖表 67】庫存管理的目的

目的在於有效地運用資金，同時為了
滿足客戶需求維持內部運營效率所保
持的最低庫存

> **具體而言：**
> ・保持適當的庫存數量
> ・確保準確的庫存紀錄
> ・防止庫存資產的損失

庫存過多或不足都會造成
效率降低

❀【圖表 68】庫存是生產管理的核心資訊

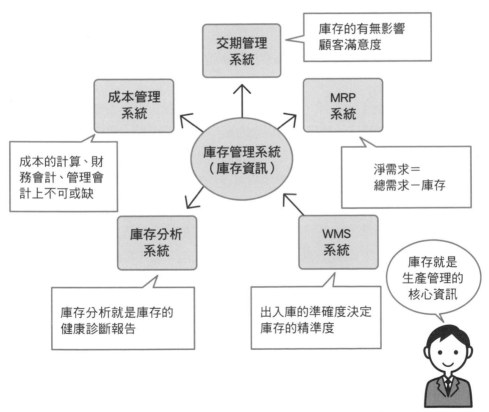

WMS：Warehouse Management System（倉庫管理系統）

提高庫存準確度就是提高生產管理系統的精準度

如何提高庫存的準確度

所謂庫存的準確度，簡單地說，就是取決於帳面上的數量（電腦系統記錄的數量）與實際數量之間的差異。如果該差異很大，表示庫存的準確性比較低，那麼生產管理系統所輸出準確度也比較低，並且必須經常進行修正。隨著修改次數的增加，可能就沒有人要相信生產管理系統了。

保持較高的庫存準確度其實很容易。只需要將入庫（進貨）的數量和出庫（出貨）的數量正確地輸入庫存管理系統就好了。【圖表 69】所表示的就是某個據點的庫存。在這個據點一小時前的庫存量和目前的庫存量用以下公式表示：

現在庫存數量＝一小時前的庫存數量＋這一小時內的進貨數量－這一小時內的出貨數量

庫存資訊就是不要忘掉、也不要漏掉，將入庫數量和出庫數量確實完整輸入庫存管理系統就好了，僅僅只有這樣的操作，但是實際上卻很難做好。

【圖表 70】顯示了入庫資訊和出庫資訊，也各別列出了「計畫中」和「計畫外」的狀況。一般來說，非計畫的資訊會比計畫中的資訊更有可能導致系統的遺漏和輸入錯誤，這主要是因為訊息的不規則性或是覺得麻煩。因此，為了保持較高的庫存精度，應該建立一種用於準確輸入非計畫中的入庫與出庫的資訊機制，例如，入庫與出庫的資訊沒有輸入的話，就不能移動的貨品等。導入像這樣可以讓系統上的數量和實際的數量保持一致的機能真的非常重要。

如何修正庫存誤差？

庫存的誤差可以藉由盤點進行修正。盤點可分為三種：（1）同時盤點；（2）週期性盤點；（3）隨時盤點。庫存錯誤時必須依據實際的數量修改帳簿上的數量。實際數量與帳簿上數量完全相同的狀態稱為「情物一致」，是每家企業致力實現的目標。

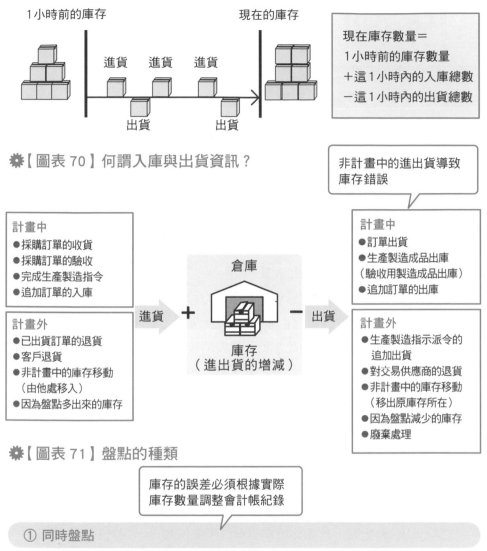

✿【圖表 69】庫存根據進貨出貨而增減

1小時前的庫存　　　　　　　　　現在的庫存

進貨　　進貨　　進貨

出貨　　　出貨

現在庫存數量＝
1小時前的庫存數量
＋這1小時內的入庫總數
－這1小時內的出貨總數

✿【圖表 70】何謂入庫與出貨資訊？

非計畫中的進出貨導致
庫存錯誤

計畫中
● 採購訂單的收貨
● 採購訂單的驗收
● 完成生產製造指令
● 追加訂單的入庫

計畫外
● 已出貨訂單的退貨
● 客戶退貨
● 非計畫中的庫存移動
　（由他處移入）
● 因為盤點多出來的庫存

進貨　＋

倉庫

庫存
（進出貨的增減）

－　出貨

計畫中
● 訂單出貨
● 生產製造成品出庫
　（驗收用製造成品出庫）
● 追加訂單的出庫

計畫外
● 生產製造指示派令的
　追加出貨
● 對交易供應商的退貨
● 非計畫中的庫存移動
　（移出原庫存所在）
● 因為盤點減少的庫存
● 廢棄處理

✿【圖表 71】盤點的種類

庫存的誤差必須根據實際
庫存數量調整會計帳紀錄

① 同時盤點

在特定時間一次同時盤點所有庫存

② 週期性盤點

針對某些特定的物料，類似每天或每週等的固定時間進行盤點。

③ 隨時盤點

庫存在一定數量以下或沒有庫存時進行盤點，因為需要盤點的
數量不多，作業也比較容易，比較不會有盤點錯誤的狀況。

3-14 | ABC 管理可以有效降低庫存

庫存的 2 種性質：物料和資產

庫存可以分為「物料」和「資產」二種性質，必須從各自的角度進行管理（【圖表 72】）。

首先，如果是物料庫存，庫存管理的重點在於品項代號和數量管理。根據品項代號和數量進行管理這件事非常重要，主要是為了達到「情物一致」和「適正庫存」。所謂「情物一致」是指電腦系統上的庫存數量與實際的數量一致。另外，所謂「適正庫存」就是要保證庫存，以便能夠因應各種變化的同時還能確保適當的庫存生產正確的產品數量。

接下來，所謂資產的庫存管理就是金額的管理，管理的重點在於「現金流量（資金效率）」和「盈餘庫存金額」。現金流量會透過庫存價值與銷售價值的比率進行評估。如果庫存價值比率低，就表示資本效率良好。另外所謂的「剩餘庫存價值」是將庫存以金額計算，算出剩餘的庫存價值，如果庫存減少，那麼相對的剩餘庫存的維護成本也會減少，結果公司的獲利就有可能增加。

以生產管理部門為主的工廠現場人員通常會將「庫存視為物料」，而以會計為主的管理部門人員大部分會將「庫存視為資產」的角度進行處理。

資產庫存管理重點就是 ABC 管理

ABC 分析是一種常用於庫存分析和產品分析的理論。

進行 ABC 分析時，首先要將單價乘以年度使用量，以利算出每個零件或材料的年度使用量金額。接下來，按年度使用金額的大小排列，金額大的零件和材料在前然後依序排列，並繪製一個累計金額的圖形（柏拉圖表〔Pareto chart〕）（【圖表 73】）。

在柏拉圖表中，我們可以看到零件材料的 A 項目累計的金額值為總數的 85％，顯示使用的金額非常大，零件材料的 B 項目，占總金額的 85％ 至 97％ 剩下的就是 C 項目。從圖表上我們可以看出來，「A 項目的品項數量非常少」，但是「C 項目的金額僅占 3％，但項目數量卻是非常龐大」。因此，以資產的庫

存管理基礎來看，數量少金額卻很大的 A 項目就是管理的重點。

　　具體來說，採購訂單和安全庫存最小化是庫存管理的基本規則，稱為「重點管理」。對於 C 項目而言，情況恰恰相反，其操作的重點應該著重於效率而不是金額。

❂【圖表 72】庫存的二種性質：物料和資產

> ☐ 當成物料使用的庫存（按零件編號和數量進行管理）
>   管理的重點是「情物一致」和「適正庫存」
>
> ☐ 當成資產的庫存（按資產價值管理）
>   管理的重點是「現金流量」和「資產價值」

❂【圖表 73】柏拉圖表的 ABC 分析法

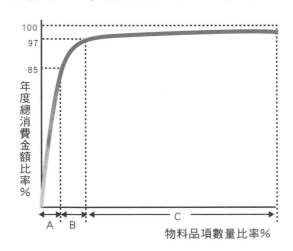

ABC分類	總消費金額比率%	品項數目比率%
A物料	85%	5%
B物料	12%	15%
C物料	3%	80%
合計	100%	100%

ABC分析也稱為「二八理論」

ABC分析的重點管理

ABC分類	批次的生產時間	安全庫存	盤點頻率
A物料	一星期	二天	每週（週期性盤點）
B物料	一個月	一星期	每月（週期性盤點）
C物料	三個月	一個月	一年一次

3-15 生產計畫排程影響 生產製造的順暢與否

縮短製造部門的生產排程和準備期間的方法

　　製造部門經常要接到大量的產品製造指示派令和零件製造指示派令，為了遵守指示派令指示的交期和數量準時交貨，就需要運用「生產計畫排程」「工作量堆積法」「工作量的土石分撥法」這些排程作業，輔助生產製造流程的順暢，而支援這些輔助作業的資訊系統就是生產計畫排程系統。

　　在「排程」的計畫中，接到的製造指示派令後，會將製造作業分割成多個作業工序，並算出整個作業開始的日期和完成的日期。這樣的排程又分為兩種類型：後推排程法（Backward Scheduling）和前推排程法（Forward Scheduling）（【圖表 74】）。後推排程法的結果，是從指示派令交貨日期往回推算至指示派令的發行日期，前推排程法則是往前推算，如果可能產生交貨遲延的狀況時，則必須縮短交貨的前置時間。

　　縮短交貨的前置時間有以下三種方法（【圖表 75】）：方法①從整個製造流程的第一個作業工序到最後的作業工序，每個作業之間的等待時間，盡可能「縮短到最大極限」，也就是以來得及交貨為目標討論如何調整縮短作業工序。方法②將整個製造流程的作業工序之間的等待時間「等比率縮短」。方法③透過工作重疊（Operation Overlapping）的方式，在前一個作業工序還沒有結束之前，就開始下一個作業工序的工作，以大幅縮短製造日程為目標。如果要執行工作重疊的方式，有必要設計將生產批次分成較小數量的批次，或是只做一個批次。

製程中的「工作量堆積法」或是「工作量的土石分撥法」的負荷量調整

　　為了解決可能的交貨延遲問題，製程上通常有二種方法（【圖表 76】）：其一「工作量堆積法」，是考量每個製程的工作量，將所有的製造指示派令分配給每個製程；如果分配的作業超過製程的負荷時，就必須考慮解決的方法。其二「工作量的土石分撥法」，則是為了提昇製造指示派令的製程能力，考慮前後製程的連動性，如果前製程產生時間上空閒時，可適時調整工作量以加速製程作業能力。

【圖表 74】後推排程（backward scheduling）與前推排程（forward scheduling

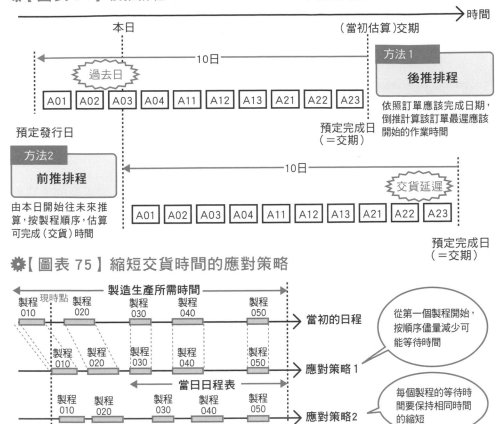

【圖表 75】縮短交貨時間的應對策略

【圖表 76】製程作業中的「工作量堆積法」和「工作量的土石分撥法」的負荷量調整

製程工作量堆積法 ➞ 製程工作量的土石分撥法

當製程負荷過重，即使應用「工作量的土石分撥法」也無法解決問題時，可以考慮加班或假期上班來增加製程勞動力，也可以考慮外包加工的方式紓解過重的負荷。

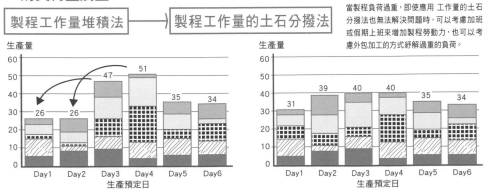

3-16 MES（製造執行系統）的製程進度管理

製造整體的製程管理

「製造執行系統」（MES，Manufacturing Execution System）是支援製造現場的工廠管理系統。

在製造活動的支援管理系統中，「製程進度管理」應該是最重要的。我們完成上一章節 3-15 中所說明的製造排程之後，接下來就是說明每個製程的工作指示作業。產線中，每個製程的作業人員都會按照該製程的工作指示（也稱為「作業指派」）進行作業，作業指示單位也會按時報告作業的結果績效。以往的時代，都是透過書面傳票進行作業報告，近年來，由於 IT 的應用，很多狀況都是可以及時回報，萬一發生作業延遲也可以及時執行因應的對策。請參見【圖表 78】下圖的「製程三」中所顯示的工作報告案例，報告的內容就可以很清楚地看出計畫與實際績效上的差異。

進度管理中還會包含一個非常重要的功能就是上游管理。如果到了即將出貨裝運階段才發現可能造成交貨延遲或數量不足狀況，也就為時已晚了，所以在上游階段的製程當中就能及時察覺任何交貨延遲或數量不足的狀況，並且可以採取緊急措施的非常重要的一件事。

進度數據的採用要點

整體製程如果要達到有效的管理那麼情報資訊的蒐集就很重要了，但是什麼樣資訊值得採用，必須要注意以下幾點：

在什麼時候適合蒐集什麼樣的情報，可能對製程進度產生比較大的影響，具體來說，有以下五項要點：

①物料清單層次結構發生變化時；②製程最後的成品階段；③產品到達作業工時最長的製程時間與完成時間；④後前製程的分隔與合併；⑤產品的附加值和規格有重大改變時。

接下來，有關必要蒐集的情報訊息類型。當製程發生異常時，為了追究原因就需要一些重要的訊息，這樣的訊息可以分為以下二種：

- 製程中的訊息：可歸納成四個：數量、產量、工作開始和工作結束
- 搬運相關訊息：也可以歸納成四個：裝載、出發、到達、卸載

　　這都是異常發生時的必要訊息。此外，資訊在蒐集時也有二個重點：①盡量使用現有資訊；②「情物一致」（產品現況與所知訊息一致，類似帳料合一）。

✿【圖表 77】製程進度管理的重心在上游管理

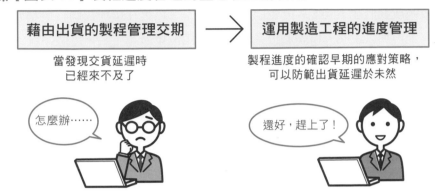

藉由出貨的製程管理交期	→	運用製造工程的進度管理
當發現交貨延遲時 已經來不及了		製程進度的確認早期的應對策略， 可以防範出貨延遲於未然

怎麼辦……

還好，趕上了！

✿【圖表 78】蒐集資訊的類型（與製程進度相關）

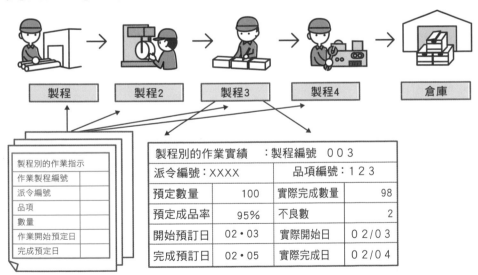

製程	製程2	製程3	製程4	倉庫

製程別的作業指示	
作業製程編號	
派令編號	
品項	
數量	
作業開始預定日	
完成預定日	

製程別的作業實績 　：製程編號 ００３			
派令編號：XXXX		品項編號：１２３	
預定數量	100	實際完成數量	98
預定成品率	95%	不良數	2
開始預訂日	02・03	實際開始日	０２/０３
完成預訂日	02・05	實際完成日	０２/０４

✿【圖表 79】蒐集資訊時應注意時項

- 盡量利用現有資訊
- 產品的實際狀況與所知訊息必須一致

3-17 | 看板方式的製造管理系統

何謂看板系統？

　　看板系統我們在 1-10、3-10 中已經介紹過了，但是在這裡我們將重點放在生產製程上再加以說明。所謂看板系統就以豐田汽車最為有名，這個系統的做法就是將稱之為「看板」（kanban）的卡片或是表格和製程中的物品一起移動的機制。具體而言，根據看板所顯示的狀態：「何物、何時、數量、地點」的訊息告知前後製程，前製程就可以根據這些訊息，優先處理後製程需要的部分，儘速將後製程的需求送達的處理程序。（【圖表 80】）。

　　看板方式的基本精神就是：「只領取消耗的東西」和「不領取不需要的東西」。 近年來，遠距離的工廠和分包廠商之間的調度，電子看板已經取代傳統看板的使用。

生產指示看板和領料看板

　　看板的類型有兩種：「生產指示看板」，用於機械和加工產線的生產指令；「領料看板」，用於零件存儲櫃中的零件提取。由【圖表 81】我們可以試著了解看板的流程和功能：

① 在最終裝配線上有一個在製品的放置場所 II，放置場所 II 的在製品上都會有一個寫有「領料看板」的牌子。當要使用此處放置的在製品時，就要拿掉這個「領料看板」的牌子，並且僅就拿掉牌子的在製品送到最終的裝配線。

② 在放置場所 II 被拿掉的「領料看板」牌子，必須集中並且送回放置場所 I。

③ 放置場所 I，就應該補充與回收看板數量相同的在製品，並且送到放置場所 II。這時，就要拿掉先前的生產指示看板換上「領料看板」的牌子。因此，從放置場所 I 送到放置場所 II 的每個在製品都會有一個「領料看板」。

④ 在放置場所 I 剛剛被拿掉的生產指示看板必須再被送回機械和加工產線。機械和加工產線也是一樣，僅就被送回來的生產指示看板的數量進行生產。生產完成後，再將帶有生產指示看板的在製品送到放置場所 I 入庫。

看板系統導入的前提條件

看板方式的導入並不是一朝一夕就可以完成，必須要有很多的先決條件，例如「生產的平準化」、「作業的標準化」、「設定準備時間的縮短」和「不良率的降低」等。最重要的是要意識到，必須要推行各項的改善活動慢慢積累才能導入這樣的系統。

✿【圖表 80】看板管理方式的特徵

✿【圖表 81】生產指示看板和領料看板

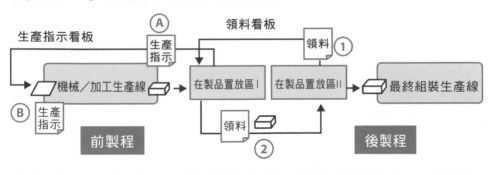

3-18 搬運物流的「可視化」才能消除不必要的作業流程

四個搬運物流

物流搬運對於工廠將生產完成的產品交付給客戶是一個不可缺少的作業流程。所謂物流可分為四類：①調度物流；②生產物流；③銷售物流和④回收物流。

①②③是產品製造完成後流入市場供應鏈的流程，如果以人體的血液來比喻，這些就稱之為「動脈物流」，相反地被送回到製造方的④，就是「靜脈物流」。本質上來說，物流本來就沒有流到那裡又流回來的問題；最好的狀態，就是非常有效率地流向目的地而不浪費。

未售出的商品從存放處搬進搬出就是一種浪費

銷售據點的庫存通常會是由銷售部門負責準備安排。銷售部門最重視的應該就是，對於客戶訂單一定不希望有缺貨的狀況。這是因為缺貨很容易失去客戶的信賴感造成銷售量減少。所以為了避免缺貨，銷售部門往往會要求安排比實際需求（客戶訂單）還要多的庫存，如此一來就很容易導致未售出庫存。

一直都未售出的庫存也不可能立即丟棄，因此可能就會移動儲存地點等，這顯然地就造成獲利上的損失和物流浪費（【圖表 82】）。

作業流程的「可視化」

如果沒有每個據點或是運送過程中的庫存資訊，或資訊不確實時，都可能造成物流浪費。如果沒有掌握必要的資訊，運送的物品也可能被送到錯誤的地點、送錯數量，也可能發生其他的錯誤，結果都是造成物流浪費。

要避免上述情況的浪費唯一的方法就是掌握物品在各個據點和運輸過程中的正確訊息，稱為「物流的可視化」（【圖表 83】）。理想的物流就是「根據客戶和市場要求，在要求時間點將要求的正確數量送到要求的地點」。 要達到這樣的要求，「倉庫管理系統」（WMS，Warehouse Management System ）和「 運輸管理系統」（TMS，Transport Management System）之類 IT 的運用就很重要（請參閱 3-19）。

☀【圖表 82】未售完的產品通常會造成物流上的浪費

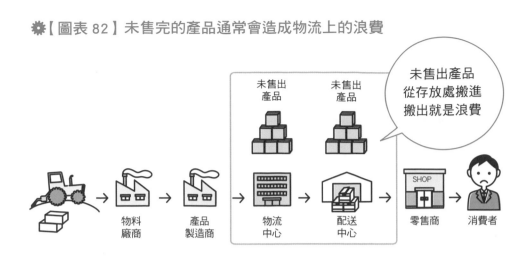

☀【圖表 83】如果看不到物流和庫存就容易發生浪費

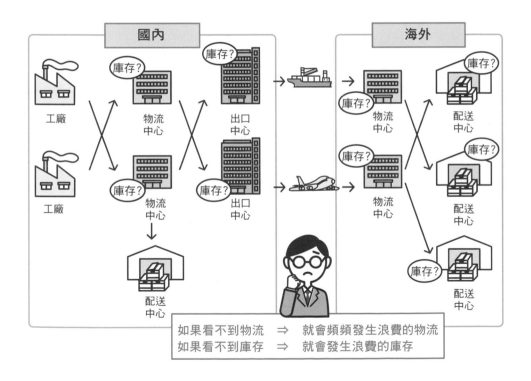

3-19 倉儲管理系統和運輸管理系統

節點（物流上的據點）和鏈接（配送方式）

物流可分為持有庫存的「節點」（Node 物流基地）和連接各個物流據點的「鏈接」（Link 運輸工具）（【圖表 84】）。所謂節點包括了生產據點的工廠、作為物流據點的物流中心和配送中心等。而連結節點之間的運輸方式稱為「鏈接」，鏈接有各種不同方式，例如卡車、鐵路、海上運輸和空中運輸等。在考慮物流的最適化時，有必要將與物流相關的節點和鏈接也納入考慮，做最適當的整體配置。

WMS（倉庫管理系統）和 TMS（運輸管理系統）

物流管理中最具代表性的系統有：①可以使節點的庫存移動更有效率，可以立即取得訊息和數據資訊，也可以和其他系統的交換的「 WMS 倉庫管理系統」（WMS，Warehouse Management system）；以及②優化鏈接的運輸效率，可以立即取得訊息和數據資訊，也可以和其他系統的交換的「 TMS 運輸管理系統」（TMS，Transportation Management System）兩種類型（【圖表 85】）。

① WMS（倉庫管理系統）主要作業就是支援貨物裝載到倉庫的入庫、庫存管理及貨物從倉庫中搬出的出庫作業等。也就是將收到的貨物資訊輸入WMS 系統，再將貨物放置倉庫上架，並且更新庫存資料。

如果收到了任何對方發出的出貨指示書，就可以利用 WMS 做收貨準備，並且可以使用 WMS 發行收貨指示書。負責收貨的工作人員就可以根據這分收貨指示書執行貨物檢收流程，並將收貨的資料返回給 WMS 以便更新出庫的狀態。 WMS 可以掌握及時的庫存資訊，也可以透過 WMS 發行倉庫內部的作業指示。

另外， 所謂的② TMS（運輸管理系統）就是可以追蹤和掌握正在配送途中的貨物狀態，並且可以調整選擇最佳的運輸路線和方式。近年來，TMS 也結合了 GPS（全球定位系統）的應用，不僅可以立即知道車輛的位置，還可以規畫最佳的調度運送方式、提昇客戶的物流服務並節省能源等優點。

❀【圖表 84】物流據點（節點）和配送方式（鏈接）的關係範例

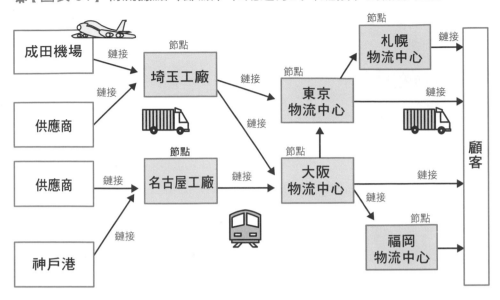

❀【圖表 85】WMS（倉庫管理系統）和 TMS（運輸管理系統）

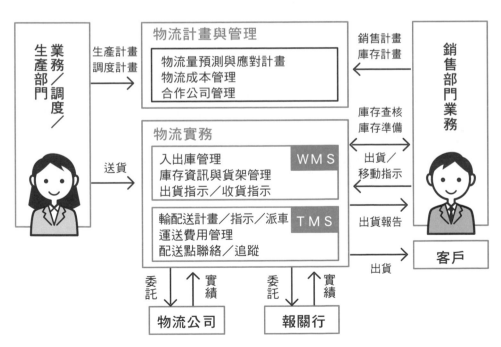

WMS:Warehouse Management System
TMS:Transport Management System

工廠物流是 IoT 的先鋒！

文／竹內芳久

　　「自動駕駛」的技術發展正在迅速地展開，很多汽車製造企業都已經由第二等級的「部分自動駕駛功能」進展到第三等級的「有條件自動駕駛功能」。相信許多喜歡高爾夫的朋友，也察覺到在高爾夫球場上也開始有了自動駕駛的「高爾夫車」，但是，在工廠物流用的自動搬運車，已經有數十年的自動駕駛歷史了。

　　那時，自動搬運車只能在鋪設的軌道上行駛，不過因為配備有可以感測到人和障礙物的感測器，並且可以利用控制系統，管理行走路線的優先順序和位置訊息。可以說，某一些尖端的自動駕駛技術在工廠體系中早已被開發應用也發揮了作用。

　　同樣地，您每天都會造訪的超市和便利商店，收銀機上使用的「銷售時點系統」（POS，Point of Sales）也是幾十年前就起源於工廠的物流作業。工廠作業，通常會將帶有條碼的標籤貼在工廠內部和外部使用的零件盒上，只要掃瞄這些條碼就可以蒐集諸如工廠的進出貨、以及倉庫的出入庫等資料。

　　另外，眾所周知，大型的自動化倉庫和高速自動分揀系統已經可以實現短日期交貨的輸送系統。另外，也已經開始應用在諸如卡車的位置追蹤和負載狀態的資訊管理，例如卡車空車的共享系統也有望可以改善交通壅塞和卡車駕駛人員不足的現象。

　　甚至在不久的將來我們都可以看到，諸如目前正在試飛實階段的無線遙控飛機和無人機的物流配送方式，似乎對社會產生重大影響的技術發展也一定會在物流的領域中實行。

　　從 IoT 技術發展的角度來看與物流領域間的關係，兩者之間的關係連接密切，物流也可以說是 IoT 的先驅。工廠是製造產品的地方，物流很難會是主角，但是，物流在 IoT 的發展史上一定是最重要的參與者之一。

第 4 章

支援生產製造的重要功能及全球最新大小事

4-1 安全管理是工廠最重要的功能

提升技術加強作業安全

工廠最重要的管理重點是 QCD 管理（請參閱 1-1），實際上，安全管理（S，Safety）才應該是重中之重，有時會用「SQCD」（Safety, Quality, Cost 和 Delivery）表示；徹底的安全管理是工廠管理者的首要任務也是社會責任。

在生產製造的工廠，人與設備設施之間的關係無法切割，為了確保安全，如何在設備和設施之間建立起保護的安全機制非常重要。例如幾十年前的沖床機器操作，就必須在雙手附近設置按鈕以防止手被夾傷。後來科技進步，有了區域的光電管式感測器。一旦作業人員的手進入感應區域時，立即就會被檢測出來，同時系統也會立即切換到停止作業的動作。現在區域感測器也有更廣泛的應用，例如在限制區域安裝感測器，已成了現在的理所當然的功能。

現在的環境，可以預測異常的感測系統開發已經愈來愈多。例如，油、空氣、水流量和各種壓力，除了一直以來都有的監控設備之外，還有一種類似黑盒子造型的設備，現在也可以透過圖像處理的「可視化」就可以直接觀看內部燃燒和化學反應狀態。還有可以檢測和捕捉異常聲音、振動的感應設備也都已經被開發了。此外，IT 設備在工廠安全領域也有很大的貢獻，例如自動搬運車也可以利用感測器檢測人員和障礙物，並在感測到危險的時候時自動停車。

安全相關資訊的情報共有

工廠的安全活動一定是工廠的所有人員都必須參與。與安全相關的訊息都是經由時間的累積、情報的共享，這些資訊也都是安全活動的重要支柱，現在 IT 在這個領域也有顯著的貢獻。

當然，我們應該都聽過一些曾經在工廠內發生的重大災難事件，或是曾經留下一些有驚無險的紀錄（描述個人受到驚嚇的備忘錄），應該還會包括當時的因應措施等。像這樣就可以將這些累積的龐大數據資料加以數據化，那麼數據資料庫的技術和搜索技術就也可以發揮很大的作用。同樣，在全球都有布署

工廠的跨國企業都有災難案例的整理蒐集或是配置可以早先預知災難的安全警報系統等的重要機制，目前也朝向透過網際網路和企業內部網路等，讓世界的重要訊息也可以及時發布建立一個情報共享的安全環境。

⚙【圖表 86】安全管理是工廠最優先的課題

⚙【圖表 87】安全管理資料庫的案例

4-2 以客戶需求為基礎的品質改善活動

一定要保持品質的穩定性

　　為了保證品質的始終如一，重要的是即使遇到任何的困難，也絕對不能降低產品品質的標準。

　　【圖表 88】顯示品質檢查的結果顯示，所有的數值均在容許範圍之內，表示是一個非常穩定的品質。【圖表 89】則是中心點向左偏移，並且某些測試結果超出了容許範圍，是一個不好的案例。 其實像這樣的訊息，在日常的作業操控中就應該隨時監看產品品質狀態，一旦，中心點偏離了容許值，或是檢查結果的 σ（Sigma：標準差，表示數據偏離平均值的程度）相對於公差偏離太大時，必須分析原因並加以改善，以確保品質的穩定。

持續的品質改善

　　雖然透過了品質維護活動的方式維持了穩定的品質，但不是只有這樣就可以了。因為客戶對品質的要求通常是「好還要更好」，所以面對客戶提出更高的產品品質要求時，我們除了面對之外，相對地還必須降低所謂的品質保證或是品質管理等的相關成本。為什麼這麼說呢？因為造成品質不良本身就是很浪費成本的一件事，而且因為檢查和品質管理所產生的成本通常不會被歸類為成本的一部分。

　　為此，藉由提升品質改善活動的業務推展、設備和治工具等硬體的改良、及利用，例如：柏拉圖表（Pareto Chart）、直方圖、特性要因圖（魚骨圖）等「QC 七大手法」的分析統計系統，都是品質改良活動中的重要方法。再者，還可以蒐集生產設備等所產生品質相關的資訊和機器稼動等的大數據，再應用 AI 進行品質的改善、作業的效率化並且提高生產速度。

　　實現了新的品質目標之後，一定還要再次投入品質的維護活動，藉由活動的不斷進行，執行並維護平常作業的品質穩定。

✿【圖表 88】如何判斷和管理品質的差異

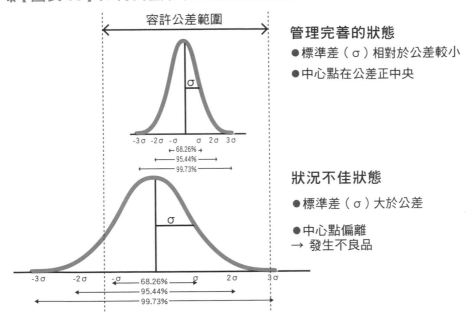

管理完善的狀態
- 標準差（σ）相對於公差較小
- 中心點在公差正中央

狀況不佳狀態
- 標準差（σ）大於公差
- 中心點偏離
→ 發生不良品

✿【圖表 89】QC 七大手法

①**檢核表** (Check Sheet)

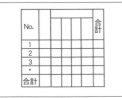

②**柏拉圖表**(Pareto Chart)

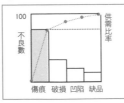

③**管制圖**(Control Chart)

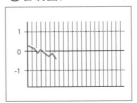

④**直方圖**(Histogram)

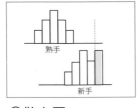

⑤**特性要因圖**(Cause and Effect Diagram；魚骨圖)

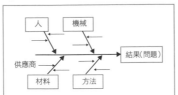

QC的7大手法
主要是分析品質的
數據解決問題的手法

⑥**散布圖** (Scatter Diagram)

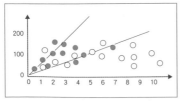

⑦**層別法** (Stratification)

檢查的種類和 AI 的活用

即使我們每天時時刻刻都努力致力於品質的控管，但為了確保萬一，就有所謂的「檢查作業」的品管確認工作。檢查作業總共可以分為：「方式別」，「目的別」和「特性別」三種類型，每一種類型我們也都詳加細分如【圖表 90】。

「特性別」檢查之中有一項「五感檢查」，就是像目視檢查那樣，利用人的感官進行檢查，例如氣味、味道、顏色、細小刮痕和變形等及一些機器比較難以判別的部分。以前，這些都需要依靠人工才能進行檢查，但是最近因為 AI 等的自動化不斷地發展應用。AI 和圖像分析技術的日新月異，狗和貓品種的瞬間判斷和本人與護照身分驗證的立即識別都成了可能；一直以來的目視檢查領域也已經被自動的視覺檢查所取代。

通常在人類的作業情況之下，熟練的技術人員和新手之間的檢查精度當然有所不同，而且因為長時間工作的關係也會產生眼睛疲勞等問題，這些問題都可以透過 AI 的應用來解決。但是如果不良的情形是第一次發生或是大數據資料沒有這些數據，那麼即使是機器的學習（深度學習）也可能無法發揮功能。在這方面，人類就有與生俱來「違和感」（覺得怪怪的）的感受，對於某些不是很明顯的不良狀況，可能一眼就能察覺而且意識到「怪怪的」的感覺。這樣的感受能力也是人與人工智慧之間可以合作的重要領域。

利用品質的可追溯系統就可以斷定瑕疵的原因

一般我們如果去大型超市或肉類專賣店，我們通常會看到牛肉上寫著「某縣某人飼養」這樣的標籤。透過了這樣的標示，讓消費者很清楚地知道商品的產地、來源，試圖讓消費者能安心消費。

如果將這樣的流程管理方法應用於製造業，主要從品質的角度有系統地管理由「原材料採購→零件加工組裝→最終產品交付→報廢」等一系列的產品生命流程的系統結構，我們稱之為產品的生產履歷（traceability；生產歷程精準回

查／追溯系統）。萬一發生了產品不良的狀況，就可以迅速確認造成不良的零件或過程，以便準確地確定受到影響的範圍，讓可能造成客戶的傷害降到最小。

❈【圖表 90】品質檢查的種類

方式	**全數檢查**	即使是同一種品項也會一個一個全部檢查。但，如果是不同的個別品項也全數檢查的話，也可以稱為個別檢查。
導入新的零件物料和新設備時，會執行100％的檢查，慢慢地逐漸轉向抽樣檢查和非測試檢查。非測試檢查也會進行抽樣檢查，以確保品質的穩定。	**抽樣檢查**	從批次中選取幾個樣本進行檢查，檢查結果就可以決定整個批次的合格與否。
	無試驗檢查	產品驗收時不會進行檢查就按合格接收，是檢查手法的最終目標。

檢查

目的	**接收檢查**	判斷是否「接收」或「採購」物品的檢查方式。
「接收」、「中間」、「最終」的檢查，主要在各個製程的階段中，針對「採購零件」、「半成品」、「最終產品」進行檢查。根據作業內容和檢查標的物的不同，選擇適當的檢查方法或特殊的檢查。	**中間檢查**	判斷製程中的產品是否可以由一個製程移到下一個製程的檢查（在產品入出庫時也會採用這樣的檢查）
	最終檢查	在製程的最後階段執行的檢查（完成品檢驗，產品檢驗 出貨檢驗）

特性	**破壞性檢查**	會對產品進行破壞或分解的檢查，產品的價值也會因此而降低而無法出貨。
根據檢查的目的和檢查標的物特性進行檢查。如果可以進行非破壞性檢查，則產品價值就不會下降，也可以按原樣出貨。	**非破壞性檢查**	不會對產品進行破壞或分解的檢查，產品價值也不會降低。
	實人檢查	很難用機器或設備檢查，必須依靠實人的感官（眼、手、耳、鼻、口）檢查。

✿【圖表 91】共享每個部門產生的不良品訊息

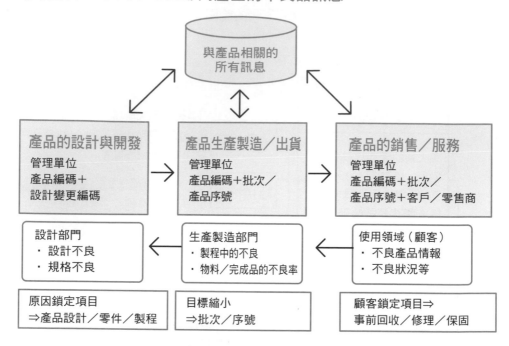

4-4 成本精算的新功能與 IoT 的準確度提升

成本精算的新功能

在製造業的管理中，從財務的角度來看，「產品的獲利能力」和「改善庫存資產的現金流量」是最為重要的目標，並且在成本精算的過程中「可視化」也被視為重要的一環。

自從 1960 年代建立成本會計計算基準以來，成本會計的目的一直沒有改變，但是以當前的經營速度和全球化的經營角度來看，已經出現了新的課題（【圖表 92】）。而且 IoT 的技術不僅可以解決這個課題還有很大的貢獻，主要會產生以下四個效果：

（1）在財務管理之中，獲利和提升庫存周轉率有絕對的關係，所以每種產品的獲利能力與現金流量的可視化應該同時並行。現在的工廠對於物料、在製品和工廠產品的庫存管理等已經廣為應用條碼和自動輸入進行管理，和從前手動輸入的時代相比，準確性已有大幅提升。

（2）由於成本計算時間的縮短，因此也縮短了結算日程。產品的成本可以利用物料清單展開各個項目的結構，清楚計算每筆投入的資源，像這樣的精算方式已經非常普及。此外還可以在短期內自動蒐集計算現場作業的實際績效、時間等，這些對成本計算的時間縮短都有很大的貢獻。

（3）標準成本與實際成本之間的差異，藉由部門的可視化釐清造成成本差異的原因，也可以提高責任會計的準確性。可以參考每天的匯率和市場的波動，對於工廠現場所產生的費用都能在極小的範圍內蒐集可參考的數據。

（4）設定和計算 KPI 時，已經可以應用大量的數據與高速運算，提升 KPI 的準確性，再根據這些指標，執行每日的 PDCA 循環。

運用 IoT 提升成本核算的精確度

所謂「ABC 成本制」的作業基礎成本制（ABC，Activity Based Costing），就是準確掌握每種產品生產過程中，作業人員和設備實際所花費的時間。 近年來，已經開發出可以準確感測作業人員和機器設備的操作狀態、時間，並且還

有軟體可以針對作業人員及機器的作業時間進行掌握和分析。雖然到目前為止的應用，可能僅限於準確掌握整體區域的水、電、油等的使用狀況，但是目前也慢慢朝向透過感測器和測量儀器的裝設，掌握個別生產線單位和個別設備單位的使用狀況。

✿【圖表92】成本核算的功能與和流程的演進

成本計算基準與編製時的目的	現今的新課題	成本計算的流程革新動向
① 用於連結財務報表的製造成本	縮短結算日程	●透過BOM的展開加快成本計算 ●透過IoT物聯網及時取得生產製造各種資訊
	連結成本的可視化	藉由RPA適時連結企業間的資訊
	提供轉讓時的價格稅制與關稅參考	●合併成本、附加價值的計算
② 提供產品價格訂定的根據	成本計畫與成本資訊的有效應用	●可根據不同活動識別／估算成本 ●透過IoT物聯網準確地取得活動訊息
③ 提升產能效率	活動單位的成本估算	●生產製造活動的定義和成本計算 ●透過MES製造執行系統／IoT測量活動速度 ●建立標準成本制度
	平均單位時間的獲利評估	
	成本差異的可視化及負責部門的責任明確化	
④ 提供下次生產預算編製的參考	企業環境變化時的成本變化預測	●標準成本計算的應用 ●直接成本計算的應用 ●企業環境變化的成本預測
⑤ 提供是否再次生產的決策依據	企業環境進行改革時KPI的事前評估 ●設備投資的決策 ●生產據點和供應商的決定 ●外包或自製的選擇 ●匯率波動、市場變化	●藉由KPI建立生產流程的架構化 ●生產革新成效的事前評估

✿【圖表93】由生產製造看成本數據的取得範圍

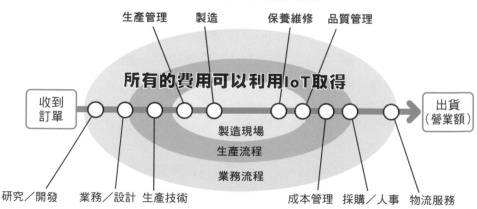

4-5 成本管理系統的成本資訊應用

成本資訊在工廠是如此應用

所謂成本訊息應該要包含獲利和現金流量，但是以下各項才是工廠最常應用的內容：

（1）改善生產績效

成本管理的功能，可以說是有計畫而且有系統的降低成本的活動。具體內容包括「如何用便宜的價格購買需要的原材料和零件」和「如何讓工廠的作業更有效率」等。另外，成本管理中的費用明細範圍既廣看法又分歧，因此 IT 的應用也成了不可或缺的工具。

（2）成本改善活動

成本改善活動的關鍵是為了確保每個部門發揮自己的作用。而且，為了改善成本，新的設計和新設備的引進也非常重要。成本管理的活動根據改善活動的時間可分為以下兩種。

① **每年定期舉行的活動**：是指在每年會計年度開始時，就企業的營利目標所建立的成本目標和制訂的成本改善活動，所有的活動和目標也都在這一年之內執行。

② **新產品開發期間的活動**：新產品開發時，都會制訂即將開發產品的目標與成本，並在開發期間努力實現成本改善的目標。

企業或生產發生變化時成本管理系統的決策參考應用

成本管理還可用於以下重要的管理和生產決策，當前 IoT 的發展，還可以讓決策的速度更快和準確性也更高。

（1）生產據點變更的決策

生產據點改變時，與銷售價格息息相關的成本，像是新據點的生產成本、生產的現金流量、採購成本的匯率變化等都要進行必要評估。

（2）供應商選擇的決策

匯率的波動和關稅的優惠與否會導致採購成本的增減，供應鏈環境的變化

也會影響是否能夠縮短交貨期進而增加庫存的現金流量等，以上的因素對採購策略的決策都會有重大的影響。

（3）原材料價格上漲是製造管理中最具威脅的課題

在製造企業中，原材料通常占了製造成本非常大的比重，因此必須要能及早掌握價格波動的因素，並且進行規避風險的採購策略模擬。

（4）設備投資的決策

對於生產設備的每個投資都需要進行定量評估，例如投資回報率與現金流量回收率和安全性之間的關係，以及收益率與投資成本的比較等。

✿【圖表 94】計算利益與現金流量的案例

（百萬日圓）	項目	計畫	實績	差異
利益計算	營業額	200	190	−10
	材料費	80	76	−4
	勞務費	30	20	−10
	外購費	15	5	−10
	物流費	10	5	−5
	製造固定費	50	40	−10
	成本合計	185	146	−39
	毛利	15	44	+29
現金流量計算	產品庫存	20日	16日	−4日
	半成品庫存	10日	8日	−2日
	材料庫存	60日	30日	−30日
	現金增減	—	—	+25
生產資訊	設備稼動率	70%	85%	+15%
	產品合格率	89%	92%	+3%

✿【圖表 95】策略決定的鐵則

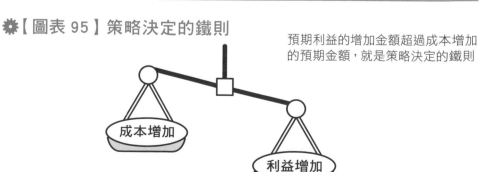

預期利益的增加金額超過成本增加的預期金額，就是策略決定的鐵則

成本增加

利益增加

4-6 ERP 是支援所有工廠營運的基本資訊系統

何謂 ERP 系統？

　　ERP（ERP，Enterprise Resource Planning　企業資源計畫）是指「對企業的整體資源進行有效而且全面性地計畫和管理，並且提高管理效率的方法和概念」。而實現這個概念的綜合系統軟體稱之為「ERP 套裝系統（簡稱 ERP）」。ERP的功能是全面性的，涵蓋了企業整體的業務範圍，如，「業務銷售、物流、庫存管理、生產管理、採購管理、管理會計、財務會計和人事管理」，此外，還包含了企業之間的供應鏈管理和全球化的應變機制等（【圖表 96】）。

　　ERP（ERP，Enterprise Resource Planning；企業資源計畫）誕生於 1970 年代，基本概念是「必要的物品只在必要的時候採購必要的數量」。ERP 在 1980年代，進而發展成為「MRP-II 物料資源計畫（MRP-II，Material Requirement Planning II），內容涵蓋了製造設備計畫，人員計畫和物流計畫等。此外，會計（財務會計和管理會計）和人事管理功能也添加到 MRP-II 的概念之中，並且演變成為可以處理整體企業資源的 ERP。

ERP 的主要特徵

　　具體來說，ERP 有以下六項特徵：

①**支援企業的核心運營**：涵蓋廣泛的運營，例如財務／管理會計，物流和人事管理（請參見【圖表 97】）。

②**及時的統合系統**：可以及時更新連結所有企業的相關訊息，例如生產，銷售和物流等。

③**開放的客戶端／伺服器系統**：ERP 的結構通常就是客戶端和伺服器系統，具有兩個功能：服務（客戶端）和資訊提供（伺服器）。

④**支援多種的製造生產型態**：適用於各種的生產型態，如存貨式生產、接單生產、半存貨式生產、客製化生產等。

⑤**支援多據點管理**：一個系統可以同時適用並支援多個生產工廠，或多個倉儲據

點。

⑥**支援全球化功能（多語言，多幣別）**：通常可以使用 10 至 20 個國家地區的語言，並且支援多種貨幣。

✿【圖表 96】從 MRP 到 ERP

	MRP	MRP-II	ERP
年代	1970年代	1980年代	1990年代
管理對象	物料	物料＋機械、人員、資產等	企業內所有經營資源
區域	工廠內	企業內	企業內及企業與企業之間
功能	物料需求計畫	工廠內的資源管理＋物流計畫	供應鏈管理＋全球化

✿【圖表 97】ERP 涵蓋的業務範圍

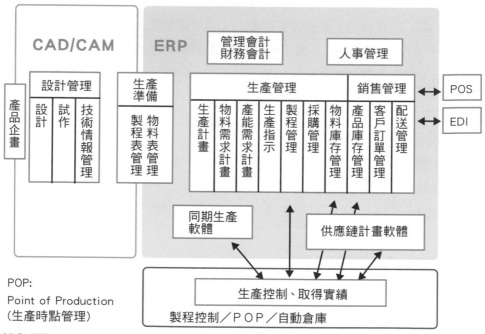

（出處：同期ERP研究所編著《ERP入門》（繁中版由健峰圖書出版；原書名『ERP入門』，日本工業會出版

4-7 3R 環保理念下的環境問題相關資訊管理

在 3R 環保理念的基礎上同時實現環境保護與降低成本

　　所謂的「3R」的 R 表示「Reduce」（減少使用）、「Reuse」（物盡其用）和「Recycle」（循環再造）。「Reduce」就是在不浪費的情況下減少使用，在製造的設計階段儘量減少零件的數量，不僅可以為環境保護盡一分心力也可以降低製造成本。「Reuse」就是使用過的物品不要丟棄，儘量再利用，市面上的二手車銷售就是一個很好的例子。對於工廠來說，一些不合格品通常不會立即丟棄，都會回收分解後再行利用。

　　像這樣的觀念，工廠所要努力的就是絕對不可以生產不良品和不需要的產品，但是從整體的考量，不僅在設計階段就要考慮產品的生產製造容易與否，還必須考慮是否也可以容易拆解。所謂的「Recycle」就是不用的零件物料絕對不是垃圾，而應該是資源的再生再利用。購買回收再生的產品也有利於環境保護，所以我們在工廠只要不影響產品的功能和品質，也會積極地使用再生製品，例如配送用的紙箱和說明手冊等，還有鐵屑和鋁屑也會請回收業者回收利用。

　　還有「Reuse」最重要是不能排放汙染物質，所以工廠廢水排放也要特別用心。工廠的院子裡經常會有池塘的造景，池中成群的鯉魚或是悠游的野雁，不僅可以療癒人心，也可以證明廠區是個讓生物安心生活的安全環境。

工廠整體的環境情報一元化管理

　　有關環保的資訊政府當局或是市、區與鄉鎮等都會經常提供最新的訊息，工廠在獲取這些訊息資訊之後，一定要進行企業內部資料庫的環境保護策略等的更新與一元化管理，當然這些訊息也同時必須分享給企業各部門如：設計、生產、銷售和售後服務等地達成資訊的共有。

　　例如，在設計階段所應該達成的目標，都應該儲存在環境評估資料庫，並用作為設計的指南。每個產品對於環境要求的因應狀況也應該確實記錄在環境

因應的主檔，生產的必要資訊一定也要透過內部的資訊管理系統傳達給生產單位的每一個人。

　　環境所應遵守的措施基本上在設計階段就要確定，因此產品從企畫的階段就考慮種種環境因素，並在設計階段詳細研議，利用圖面進行「設計評估」，等到試作品的階段再次檢視確認後就可以正式進行量產。

✿【圖表 98】環境管理系統的樣貌

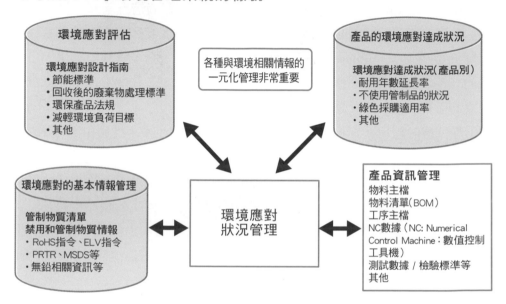

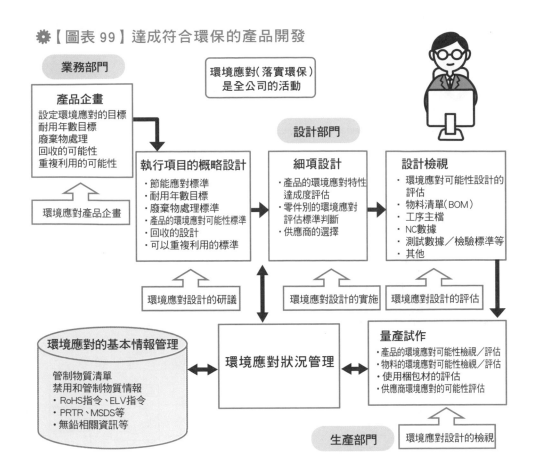

【圖表 99】達成符合環保的產品開發

業務部門

環境應對(落實環保)
是全公司的活動

產品企畫
設定環境應對的目標
耐用年數目標
廢棄物處理
回收的可能性
重複利用的可能性

環境應對產品企畫

設計部門

執行項目的概略設計
・節能應對標準
・耐用年數目標
・廢棄物處理標準
・產品的環境應對可能性標準
・回收的設計
・可以重複利用的標準

細項設計
・產品的環境應對特性
 達成度評估
・零件別的環境應對
 評估標準判斷
・供應商的選擇

設計檢視
・環境應對可能性設計的
 評估
・物料清單(BOM)
・工序主檔
・NC數據
・測試數據／檢驗標準等
・其他

環境應對設計的研議

環境應對設計的實施

環境應對設計的評估

環境應對的基本情報管理

管制物質清單
禁用和管制物質情報
・RoHS指令、ELV指令
・PRTR、MSDS等
・無鉛相關資訊等

環境應對狀況管理

量產試作
・產品的環境應對可能性檢視／評估
・物料的環境應對可能性檢視／評估
・使用梱包材的評估
・供應商環境應對的可能性評估

生產部門

環境應對設計的檢視

4-8 影響環境和人類的 RoHS、WEEE、REACH 和 HACCP 規範

「歐盟環保指令」（RoHS，Restriction of Hazardous Substances）是指，在歐盟銷售的所有電子和電氣設備用品等對於有害物質的限制，目的是希望將破壞環境和危害人類健康的有害因子降到最小。（【圖表 100】）。順便一提，日本的《家電回收辦法》也都是遵守這個指令。

除了 RoHS 指令之外，歐盟同時還制訂「WEEE 環保電子產品指令」（WEEE，Waste Electrical and Electronic Equipment）作為補強，是指產品製造者在產品的設計製造階段就有義務排除規定的有害物質。

☀【圖表 100】RoHS 指令的規範對象（產品品項）／產品類型

① 大型家用電器（冰箱、洗衣機、微波爐等）
② 小型家用電器（真空吸塵器、熨斗、烤麵包機等）
③ 資訊科技（IT）和電信設備（PC、印表機、影印機等）
④ 消費類電子產品（收音機、電視、樂器等）
⑤ 照明裝置（家用以外的螢光燈）
⑥ 電動和電子工具（不包括大型固定式機床、車床、銑床、鑽床等）
⑦ 玩具、休閒和運動設備（視頻遊戲機、賽車套件等）
⑧ 醫療設備（放射治療設備、心電圖測量儀、透析設備等）
⑨ 監視和控制設備（煙霧探測器、測量儀器、恆溫器等）
⑩ 自動販賣機（飲料罐自動販賣機、自動取款機等）
⑪ 其他不適用於上述類別的電氣和電子設備

所謂的「REACH 歐洲化學品政策」（REACH，Registration Evaluation Authorization and Restriction of Chemicals），歐盟藉由產品所使用化學品的註冊、評估、許可和限制所制訂的一項法規，目的在將對環境和人類具有非常高疑慮的高危險化學物資進行管理。REACH 與 RoHS 法規的目的都一樣是「限制有害物質、減少環境破壞的因素和降低危害人類健康的不利風險」，只是規範的對象不同而已（【圖表 101】）。

我們知道有些零件供應廠商，他們的零件產品並不會直接出口交貨給歐盟國家，但是如果所交貨的製造商的產品出口目的地是歐盟，那麼這些產品所有的零件物料都必須符合歐盟的規定，如果所需要提交的資料文件不正確、或是花費太多的時間，都將影響交易，例如，「客戶滿意度下降」，「交易暫停」，「銷售下降」等，可能對整個供應鏈都會造成很大的風險（【圖表 102】)）。

規範食品衛生的 HACCP

所謂的「HACCP 危害分析重要管制點」（HACCP，Hazard Analysis and Critical Control Point）（危害分析重要管制點）是一種確保食品安全的危害管理辦法，凡是出口歐美的食品，針對所有生產過程的衛生管理都必須遵守這個法規。但是，日本從鄰近國家進口的食品，好像就沒有如此嚴格的規定。

還有一項針對汽車的「廢車輛指令」（ELV，End of Life Vehicles），歐盟比 RoHS 指令早六年，早在 2000 年 10 月就開始實施廢車輛指令。如果沒有遵守這些規定，不僅是出口，甚至在日本國內銷售都會很困難，但是目前包括原材料在內的整個製造供應鏈系統的因應狀況還是十分的不足。

✿【圖表 101】RoHS 指令與 REACH 的不同點？

	電氣和電子設備產業為主	REACH政策
對象業界	電氣和電子設備產業為主	幾乎是所有產業
管理理念	有危害的可能（因為危險，所以禁止使用）	風險管理（有潛在危險，就停止使用）
管理對象	判斷產品是否含有RoHS指定的10種物質（RoHS2修訂）	判斷產品中大約有1500種的高度潛在危險物質中的含有量

【圖表 102】供應鏈中有害物質含有量的資料管理概述

4-9 建立 BCP（企業持續營運計畫）將可能產生的危險降到最小

BCP 是管理高層的重要工作

所謂「企業持續營運計畫」（BCP，Business Continuity Plan）是指「企業在面對所有危機事件、自然災害如例如大地震、傳染病、恐怖事件、重大事故及供應鏈的突然中止等經營環境的突發狀況或是意外時，為了維持企業經營的持續、重要業務的運轉，即使在意外發生的情況下，確保企業在最短時間之內恢復運作所制訂的策略、方針、恢復程序等計畫（例如：日本內閣府的業務運作持續準則）。

就 BCP 的效果，如果以業務的受損初期來看，如果沒有 BCP，那麼恢復時間的長短只能交由當時的狀況決定（【圖表 103】），這樣很可能會導致失去客戶信任，最終危害事業的存續與否。

開發的 BCP 有兩個重要觀點。一個是決定絕對不可以停止運作的業務是什麼？另一個是必須恢復運作的時間。

決定哪一個業務絕對不可以停止運作實在很難，但確實非常重要，這樣的事絕對不是一個人、一個部門或和一個事業體就能決定的事，一定要管理高層才能清楚了解整個組織方向並發揮決策能力才能下決定。一旦決定了，也不是這樣就結束了，最重要的是計畫訂定之後還要不斷地定期評估和改善。

制訂改善活動體制的 BCM

建立 BCP 後，還必須根據 PDCA（Plan-Do-Check-Act 的簡稱）的循環，進行不斷地改善活動（【圖表 104】）。這樣持續循環體制，我們稱之為「營運持續管理」（BCM，Business Continuity Management）。

當然，我們從《日本內閣府的業務運作持續標準》來看，從初期就納入策略，像是救災時的人員安全、各個據點的早期修復、則包括資訊系統的災難恢復計畫等，其內容其實與國際標準 ISO22301 相比也沒有太大的差距。

日本是一個火山爆發、地震和海嘯等自然災害風險很高的國家，透過 BCP 和 BCM 履行對客戶和社會的責任，才是頂尖企業應負的責任。

✿【圖表 103】企業持續營運計畫（BCP）的概念

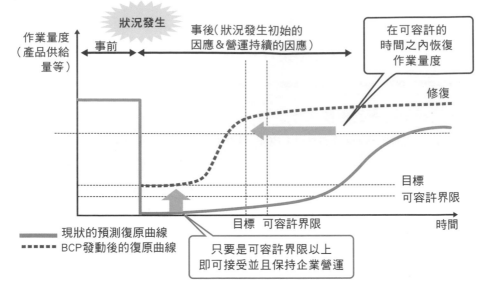

✿【圖表 104】企業持續管理（BCM）的整體流程

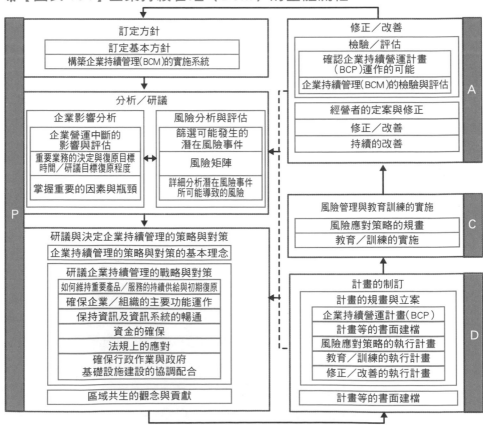

從「罪庫」到「財庫」

文／川上正信

　　很多時候我們如果去查看工廠的倉庫，經常可以看到許許多多的零件、材料、在製品和製成品堆放在一些狹小的地方。公司也會經常說：「不要太多、也不要太少，一定要進行適量管理」，話是這麼說，但實際上要做到適量確實是非常困難的一件事，通常一不小心，庫存就增加了許多。

　　庫存增加的原因是，通常是因為生產製造時如果有比較多的庫存，就比較不擔心。因為比較擔心的是，萬一工廠中出現問題的時候，就能派上用場。例如，零件供應商來不及準時交貨時，這時如果有多餘的零件庫存，那麼就不用擔心造成生產線停擺。萬一品質出問題的時候，身邊如果有多餘的庫存，也可以立刻生產及時出貨。再者，如果接到緊急的訂單，如果身邊有更多產品庫存，也可以及時滿足客戶的需求。

　　如此看來，庫存好像變成可以立即解決各種問題的靈丹妙藥。但是，一不小心，庫存的增加好像也會變得理所當然。這樣一來，庫存也可能變成「吃錢怪獸」，例如，如果一年當中持續保有價值1億日圓左右的庫存，一年的維護成本大概需要1,000日圓～1,500萬日圓左右，這就是一筆龐大的數目了。

　　在日文中我們稱庫存為「在庫」，其中「在」的發音和「財產」的「財」發音一樣，所以也可以變成「財庫」，有趣的是，也和犯罪的「罪」的發音一樣，所以也可能變成「罪庫」。當然，兩個字以發音來看都一樣，但是如果操作和運用不當，那麼庫存的意義就會變得南轅北轍了，所以要儘量避免保有過多的庫存影響了企業的現金周轉，小心絕對不能變成了「罪庫」。

　　所以，所謂的庫存管理系統應該如何管理庫存呢？我的理論是，庫存管理系統必須可以在企業龐大的物料、產品數量之中，可以立即知道那些物料或產品已經造成了「罪庫」，並且可以有協助轉換成「財庫」機制的系統。如果將來諸位讀者當中有從事或參與庫存管理系統的開發，請務必試試設計一套「罪庫的可視化」以及可以讓「罪庫」變成「財庫」的管理系統。

工廠 IoT 的運用

5-1 工廠運用系統的發展史與智慧工廠

運用功能不斷擴充的工廠支援系統

工廠運轉的支援系統運用開始於 1970 年代。主要的特徵是在於一個新系統被開發後，其實並不會取代舊的系統或功能，而是讓原來的系統更充實、更能適用時代的變化。

工廠的支援系統真正有了重大變化是在 1970 年代，當時電腦軟體「物料需求計畫」（MRP，Material Requirement Planning）系統的開發，使得傳統人工計算的 BOM 物料需求量計算可以利用電腦來計算，從此人工操作的各項工廠作業也慢慢地被電腦取代，拉開了電腦效率化的時代序幕。

在製造方面，工廠的機器設備也不僅止於單純的自動化，還加入了包含自動化物流在內的工廠整體的自動化作業，我們稱之為「工廠自動化」（FA，Factory Automation），再進而發展「電腦整合製造」（CIM，Computer-Integrated Manufacturing）。至此，工廠開發、設計、生產管理和製造等各業務之間有了統合性的管理和運作。

到了 1980 年代後期，CIM 的生產管理部分有加入包含了人事、財務會計等套裝軟體的「企業資源規畫系統」（ERP，Enterprise Resource Planning）。 ERP 系統可以說是繼承了 MRP 的功能和 CIM 的概念。

在 1990 年代末期，連結各企業 ERP 系統的供應鏈管理（SCM，Supply Chain Management）誕生了。顧名思義 SCM 主要結構就是連結二家企業間資材調度的系統，也是到目前為止所有系統及概念的延續。

工廠支援系統與 IT 產業的同步成長

隨著 IT 產業的發展，工廠的支援系統也跟著支援領域的擴展增加了一些新功能。 以下我們可以來看看有那些隨著 IT 發展而演變的典型系統。

Cloud Computing Service：雲端運算服務

是指透過外部的伺服器接受軟體、平台、基礎結構等的服務。不僅可以大大地降低固定成本，對於產品和製程的變化也可以快速靈活地應變。

IoT（Internet of Things）：物聯網

就如同家電用品、汽車、醫療設備可以連接到網際網路一樣，製造業中的生產設備、作業人員、產品的感測器等同樣也可以連結網絡。對於隨時都可能產生變化的製造現場，可以進行及時的製程管理和品質控管。

AI（Artificial Intelligence）：人工智慧

到目前為止，機器的學習功能（深度學習〔deep learning〕）已經有了很大的進步，在製造領域中，例如日程調配、設備控制、專業職人技能的量化，品質不良及設備故障的預防等這些過去只能仰賴人類的經驗和判斷執行的項目，AI 也朝向這些領域逐漸發展擴大當中。

✿【圖表 105】IT 應用與基礎架構的變化演進史

數位革命是百年革命！

① 工廠IT改革的歷史是每個時代IT關鍵字的積累

② IT改革的對象是以生產管理為核心的基礎業務改革與生產流程的自動化

③ 第5期就是高度應用IoT和AI的「智慧工廠」

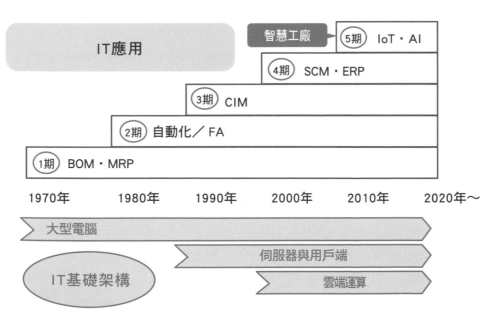

5-2 何謂工廠 IoT 的應用

IoT 在製造業中的機制

「物聯網」（IoT，Internet of Things）顧名思義就是「物」可以透過網際網路互相聯結，或是交換訊息的意思。IoT 不是單純只是可以透過個人電腦、生產設備或是家電用品等連結網際網路達到「物」「物」相連」的目的，其實最終的目標是希望這些的機器、設備、產品也能賦予智慧，可以達到自主思考和行動。

我們可以將 IoT 的基本概念分解為以下四個功能（【圖表 106】）：

①首先，由「人」與「物」取得各種資訊。有關「物」的資訊，各種感測器可以發揮很大的功能；②再者，藉由網際網路將蒐集的數據處存在「雲端」。所謂的「雲端」，可以利用外部的雲端服務，也可以在自己的企業內部構築雲端設備等二種方法；③接下來，將發送到雲端數據進行數據分析。在這裏，有必要的時候也可以使用 AI；④根據③的分析結果，針對該取得資訊的「人」和「物」反饋得到最佳的解決方案。

IoT 在製造業中的優勢

物聯網在製造業領域中，可以產生什麼樣的優勢呢？大致可以分為以下五個領域（【圖表 107】）。

① **經營管理領域**：IoT 有助於許多領域狀況的及時掌握，並且可以幫助經營判斷做出準確的決策。

② **開發和設計領域**：除了可以同時在多個據點之間交換數據之外，還可以使用 3D 列印，比試作早一步同時共享設計的雛型樣式。如此一來就可能達到縮短設計的前置時間。

③ **生產管理領域**：不僅可以掌握生產和供應鏈的總體情況進而達到企業的最適化管理，增強接單和下單的及時因應能力、提高生產效率、降低成本等，同時面對需求波動也可以靈活因應。

④ **製造管理領域**：透過生產製程的及時掌握和遠端的估測，就可以減少停機時間，減少機器負荷和進行預測性維護等好處。

⑤ **自動控制領域**：可以透過機器上裝設的感測器蒐集數據，進行製程的異常檢測，或者使用可程式控制器（PLC，Programmable Logic Controller）進行製程的自動控制。

✿【圖表 106】IoT 是透過網路互聯互通的方式連接各種事物的狀態

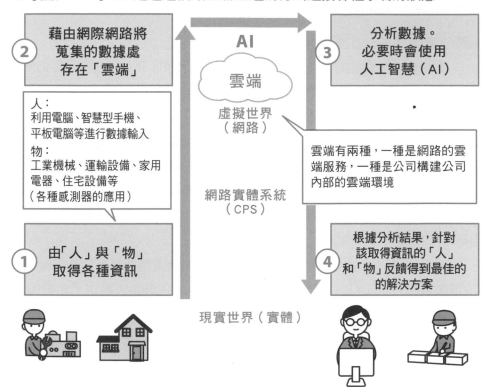

✿【圖表 107】IoT 可以在製造產業中從事的工作

製造業領域	IoT可做的事	
經營管理	●緊急狀況的及時判斷 ●完善的管理判斷	●決策的迅速制定 ●降低維修成本
設計開發	●可以在多個據點同時開發、 同時試作	●縮短設計前置時間
生產管理	●應對需求的波動 ●供應鏈狀況的整體掌握與 適當管理	●提升接單與下單的處理能力 ●優化生產效率 ●降低成本
製造管理	●生產製程的及時掌握 ●遠距離的計算測量 ●減少停機時間	●減輕負荷 ●預測式保養維護
自動控制	●異常檢測	●自主控制

5-3 製造業系統標準化的動向① 工業 4.0

德國孕育了第四次工業革命

「工業 4.0」是德國的製造業創新技術，開始於 2011 年。因為它是製造業史上的第四次革命，所以在日本也稱之為第四次工業革命。

工業革命之前的工業型態大多是以人力和專業職人的手藝為主的生產形式，例如家庭式手工藝、學徒制度、專業技師、商人、農漁業者和手工業者等。第一次工業革命發生於 19 世紀，由於水力和蒸汽機的應用實現了製造工作的機械化，大大提高了生產能力，英國的自動織布機就是最典型的受益者。

第二次工業革命開始於 20 世紀初期，因為電力的發明使得生產更具效率，美國的汽車工業從此開始了大量生產。

第三次工業革命則是發生在 20 世紀後期，由於電腦的普及提高了整體生產活動的效率，再加上 CIM 概念的倡導，並在 FA 領域中，制定了涵蓋 MAP 的工業網路通訊協定標準。

進入 21 世紀，透過 IoT 進行大數據的蒐集以及 AI 也可以藉由學習進行分析和控制，實現了自主思考、行動的智慧工廠型態就是第四次工業革命。

智慧工廠的 ICT 應用

智慧工廠並不是指導入新的工廠系統，也不是指製造業本身產生了什麼變化，而是我們可以想成是製造業的軟體和硬體設備都變得又便宜又好用，而且資訊與通信科技（ICT，Information and Communication Technology；資通訊）還能得到更廣泛的應用。

雖然雲端運算服務的導入都在進行中，但是由於對網際網路的過分依賴，所以就有了避免對網路過分依賴、改善等待時間（延遲速度）等分布式處理方法的「霧運算」，還有具有裝置設備等級 P2P（Peer-to-Peer；對等式網路）及時傳輸系統的「邊緣運算」，各種各樣的 ICT 應用方式也應運而生。

為使上述功能使用更順暢，除了應該建立有關網路資訊存取的相關規範

（XLM、XHTML 等）外，還有對生產設備進行資料蒐集的相關通訊協議以及內容標準等有必要再加以整合。也就說，工業 4.0 目前正在積極地展開標準化的推行。

【圖表 108】產業革命的歷史

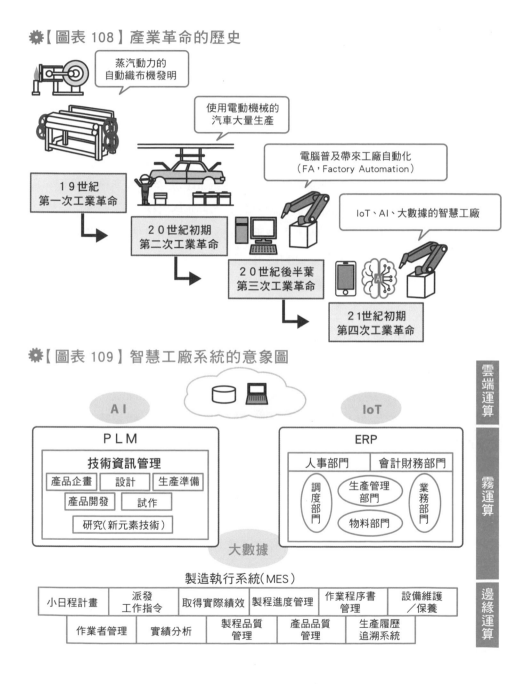

蒸汽動力的
自動織布機發明

使用電動機械的
汽車大量生產

電腦普及帶來工廠自動化
（FA，Factory Automation）

IoT、AI、大數據的智慧工廠

19 世紀
第一次工業革命

20 世紀初期
第二次工業革命

20 世紀後半葉
第三次工業革命

21 世紀初期
第四次工業革命

【圖表 109】智慧工廠系統的意象圖

AI

IoT

雲端運算

PLM

技術資訊管理

| 產品企畫 | 設計 | 生產準備 |

| 產品開發 | 試作 |

研究（新元素技術）

ERP

| 人事部門 | 會計財務部門 |

調度部門　生產管理部門　業務部門

物料部門

大數據

霧運算

製造執行系統（MES）

| 小日程計畫 | 派發工作指令 | 取得實際績效 | 製程進度管理 | 作業程序書管理 | 設備維護／保養 |

| 作業者管理 | 實績分析 | 製程品質管理 | 產品品質管理 | 生產履歷追溯系統 |

邊緣運算

5-4 製造業系統標準化的動向② 美國的 IIC 和日本的 IVI

由美國五大公司發起的 IIC（美國工業網際網路聯盟）

「工業互聯網聯盟」（IIC，Industrial Internet Consortium）是由五家美國企業（AT ＆ T、思科系統、奇異〔GE〕、IBM、英特爾〔Intel〕）於 2014 年 3 月 27 日成立。這是一個會員資格開放的團體，主要目的是在 IoT 的技術範圍之內，推進工業互聯網的結構框架以及物聯網技術的全球標準。

主要的特徵就是以所有的產業為對象，透過 IoT 改變創新業務的流程，創造新的業務模式，提供創新的服務並以振興經濟活動為目標。

主要的輸出方式有以下三種：①使用案例、②架構和框架、③測試平台，特別是第三項的測試平台，最重要的是可以使平常無法單獨完成驗證的企業，可以單獨在真實的環境中進行實際的檢測。

這個聯盟和德國的工業 4.0 絕對不是對立的關係，反而是互補的關係，例如德國的博世（Bosch）、西門子（Siemens）、SAP 等公司也都是 IIC 的會員。

IVI 是日本版的工業 4.0

所謂「工業價值鏈計畫」（IVI，Industrial Value Chain Initiative）就是日本版的工業 4.0，該組織從 2015 年 6 月開始全面展開活動，其上級組織就是日本機械學會生產系統部門以下的「連接工廠」小組委員會。

繼 Industry 4.0 的「RAMI4」和 IIC 的「IIRA」之後，日本也宣布名為「IVRA」（IVRA，Industrial Value Chain Reference Architecture）是日本自己的平台架構。其主要的特點並不是採用企業間的共通理念，而是適當地參考各種可能模式進行適當的變更，是一種非常日式的思維方式。

是否出現智慧型設備？

在製造業中，IoT 可以應用的領域就有生產設備的感測器。 將來也很可能會出現諸如設備可以自己蒐集大數據、自己做數據分析的智慧型設備。再透過每個自己蒐集數據的智慧設備，將所蒐集的數據加以分析，將其結果與前後的

製程進行交流，藉此提升整個生產線的 QCD 也不是不可能的一件事。

　　是否能成就這樣的智慧設備，問題就在於，主要控制設備的 AI 軟體的開發，已經是繼電氣和機械系統之後的重要工作。一直以來，電氣，機械和軟件在整個體系的結構中一向都是同等的重要。

✿【圖表 110】各國製造業系統標準化一覽表

各國的特徵與比較	美國 IIC (Industrial Internet Consortium)	日本 IVI (Industrial Value chain Initiative)	德國 工業4.0 (Industry 4.0)
目的	開創新的業務模型和服務	實現工廠與工廠間的連結	德國在第4次工業革命中掌握領先地位
組織營運架構	國際規模的企業論壇方式	日本機械學會小組委員會	德國國家專案計畫
活動內容	示範實驗、案例研究	平台開發	推廣研究、制定規格標準
成果分配	參與企業間的共享	競爭與合作領域分開的開放／封閉策略	專案計畫發行
標準化政策	以實際的標準為目標	以寬鬆的標準為目標	專注於標準化
主要產業	所有產業	製造工廠	德國的設備製造商

✿【圖表 111】結合軟體開發流程的改善順序

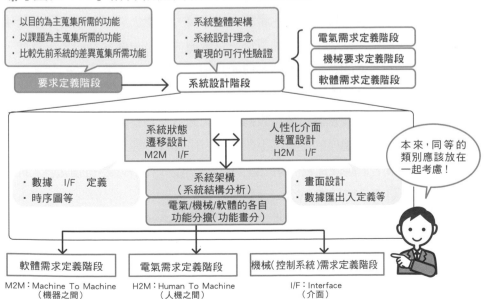

5-5 工廠內的稼動狀況可由 IoT 的可視化一目了然

「可視化」已經無關企業的規模和種類非常普及化

隨著 IT 相關技術的最新發展，生產製造的注意力又再次集中在工廠生產活動的「可視化」（視覺化、目視化）。

一般來說，工廠的生產活動是由各種各樣的設備和作業人員的組合進行一般的生產活動，但是活動的量和質卻不是容易看得出來。工廠的「可視化」就是一般無法用肉眼看得出來的工廠各項生產活動資訊，應用 IT 技術和感測技術作適當的表達。

傳統上，產品的生產流程本身一定要經過數據的嚴格控管等化學之類的工廠，也已經透過數據表示的機制進行生產流程的「可視化」。

但是，現今還有許多產業工廠和含括物料移動的生產活動，都還沒有辦法實現活動的「可視化」。

「可視化」的課題

即使 IT 技術的進步，也是還無法解決完全「可視化」的課題。主要挑戰之一是「可視化」的現有設備。在生產製造的現場，可能仍然還有運行了幾十年的老舊機器，要從這些老舊的設備蒐集訊息數據並不是一件容易的事。為此，有必要根據各種設備的特點，使用各種如照相機和振動感測器這樣的附加感測技術，進行各種訊息的數位化轉換。

此外，有必要根據每個工廠和設備的情況適當地調整數據蒐集的方法，因此與其進行一次性大規模的投資，不如先小規模導入，等到效果被檢驗之後，再進行大規模部署，應該比較能期待達到良好的結果。這種驗證活動稱為「POC 概念性驗證」（POC，Proof of Concept）。

適用於各種生產流程的驗證當中，確定運作和系統規格之間是否達成一致性是很重要的。例如，如同作業進度的確認，當作業人員在檢查數據系統的當下，即使系統顯示「及時」，但實際上可能會有十秒至數分鐘的延遲。如果可

以根據運作來設計系統，就可能讓投資最小化。

如何實現「可視化」，重要的是要考慮系統與實際操作的結合絕對不能勉強搭配，必須要經過充分業務內容的了解和多方驗證。

經過這樣的討論研究之後，慢慢地也可以把握這些老舊機器和人力操作的整體生產活動進行「可視化」的推展。

🌣【圖表 112】IoT 的「可視化」

「可視化」之前

沒有顯示任何的工廠稼動狀況，也沒有計算任何的運轉時間。什麼時候發生什麼事情都不奇怪

老舊的生產設備資訊

「可視化」之後

Point!

如何達成取得正確數據的目的，那就必須對每個裝置設備和業務都要了解透徹！

加裝感測器後，在電腦上就查看機器稼動時間和運轉狀態。那就變得很容易管理了！

 ＋ 感測器
照相機
……
數位化

稼動時間：50小時
濕度：45度
狀態：運轉中

Point!

系統如何使用於實際的業務上，
對業務了解透徹和檢測是不可或缺的關鍵！

可視化資訊的應用可以立即反映工廠現狀

「可視化」訊息的提供方法

工廠的各種生產活動一旦實施了「可視化」，訊息就會被轉換為數據，如何將這些數據傳送給製造現場的人員，就有以下幾種方法。

① **及時系統**：當製造現場發生緊急狀況需要快速因應處理時，可以將警告訊息立即發送到現場負責人的智慧型手機，像這樣所形成的及時系統

② **訊息一目了然的系統**：為了使作業人員的配置達到最適化，訊息一目了然的系統就可以將計畫與實際結果進行比較。

③ **自動檢出系統**：傳統上需要靠人類感官檢測產品品質是否不良的方式，現在已經可以透過實際蒐集設備狀態的訊息，自動檢出產品品質是否不良。

但是，在作業現場上所蒐集的「可視化」訊息，只能以畫面的狀態呈現，如果作業人員和生產設備的活動狀況和生產活動的規畫如果沒有改善調整，也不會產生效果。如果希望達到改善的效果，就應當要運用這些「可視化」的訊息，對生產活動進行適當地調控，也就是所謂的反饋機制。因此，在使用該系統前一定要先清楚使用的目的，如此一來，才能將所得的訊息在運用，作為工廠活動改善的一環，而不是只是觀看收到的訊息畫面而已。

「可視化」的資訊必須正確傳達

生產活動訊息不僅要準確而且要運用得宜，實在是因為運用設計不佳，「可視化」系統反而不能達成預期效果的例子實在太多了。例如，如果輸入訊息的部門輸入不正確，則所產生訊息的準確性將會大大降低，結果導致沒人使用。這種狀況通常是訊息輸入的部門和享受訊息的部門不一樣，訊息輸入的部門就是負責輸入訊息，也沒有享受到什麼好處，當然就容易出狀況了。

還有，訊息輸入的地點是製造的現場，如果是由現場的工作人員騰出時間輸入，因為與工作沒有直接的關係，即使只是需要一秒鐘的輸入時間，他們也會覺得浪費時間，因此利用 IT 的相關技術和設備，盡可能讓訊息的輸入變得輕鬆簡單是很必要的。

如果生產訊息的蒐集都集中在製造現場，那麼訊息的反饋就很可能也會停留在製造現場和製程的企畫之中。為了可以產生更大的效果，重要的是擴大對設計和採購部門的反饋範圍，例如在製造和設計之間共享製造問題，並優化採購零件的截止日期。 。

還有，訊息的輸入系統只是一種手段，而不是目的，所以在建立系統之前，管理高層一定要監看活動本身的應用狀況，才能確定使用的目的。

✿【圖表 113】IoT 的「可視化」立即反映工廠現狀

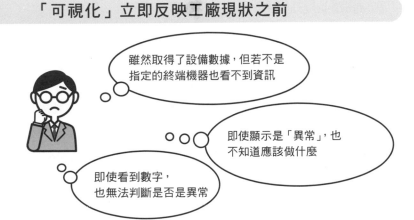

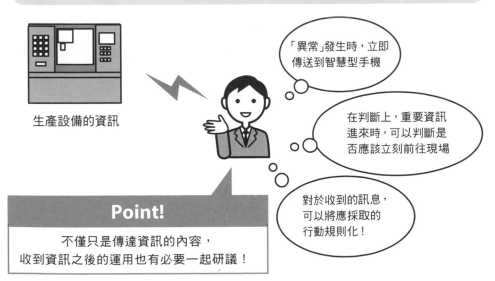

可視化資訊的應用可以推算未來的生產活動

「可視化」的訊息也讓生產活動課題「可視化」

透過工廠的「可視化」所取得的生產活動訊息，因為通常用於解決目前生產相關課題的監看和控制。但是，現在最新的技術也可以用於篩選出當前還不明確的問題並提高對未來預測的準確度。

隨著 IT 相關技術的進步，過去很難取得的各種設備狀態的數據、工作環境狀態、產品狀態、品質、交貨時間等的訊息，現在只要綁定所要偵測的產品、人員、材料等取得數據訊息就變得很容易了。

也隨著以上這些技術背景和深度學習為代表的人工智慧技術的發展，過去只能仰賴人工的執行判斷，很難加以規則化和分析困難的作業活動，現在自動化也已經不是不可能了。我們可以來說說這樣的技術有哪些應用：

① 可以讓 AI 大量的學習樣品的製程資訊，和設定樣品日程的設計者一樣，將日程設定為自動化設定。

② 對於不良率和稼動狀況的改善目標，主要必須能夠分析一些蒐集來的大量而且不明確的相關數據和如何利用控管那些數據就能達到改善的目標。過去，這樣的組合數據，一定都要由資深員工才能判斷執行，現在 AI 的自動化，不僅可以執行這些人物，還有作業人員不容易意識到的疏忽也能自行建立新的規則。

利用模擬取得預測資訊

模擬可以是對未來預測的一種手段、一種方法。

通常，一般的模擬差不多都會先設定一個前提條件，然後才會進行模擬，可是製造現場經常會有許多超出預期想像的狀況發生，所以也不難想像模擬的結果與預期的期待，經常會有很大的落差。

此外，還有一種剛開始的時候準確度很高，可以隨著時間的變化，經由模擬所計算出來的預測準確度也愈來愈低。以前模擬對象的範圍通常都是類似製

造現場這樣的大範圍，很難掌握及時訊息。如上述所提，現在訊息數據的取得變得很容易，所以反饋的最新數據可以立刻變成模擬的前提條件，如此一來，根據實際情況立即反應的預測模擬，也能提高預測的準確度。

的確，並不是所有的製造業都可以適用這樣的 AI 技術或模擬，但是在特定條件下，設定適合 AI 技術的運用案例正在日益增加當中。

❀【圖表 114】如何應用 IoT 取得的資訊？

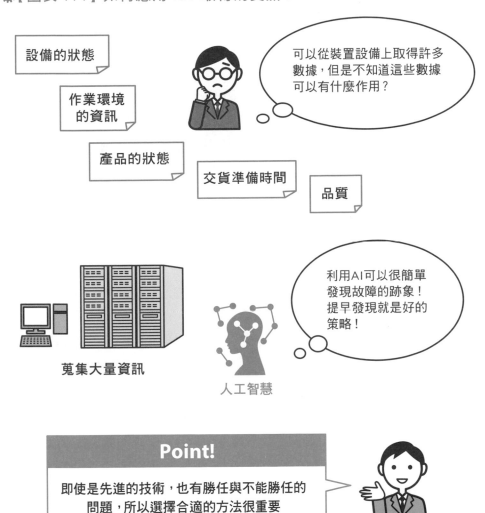

案例研究：日立大甕 事業所為什麼採用 IoT ？

IoT 是下一代生產系統的核心

日立製作所大甕（Omika）事業所位於日本茨城縣日立市，是一家專為發電、運輸、供水、排汙和鋼鐵等社會基礎相關產業的廠區提供生產控制設備的公司。由於這些控制設備會因為工廠的廠區配置不同或是功能不同，設備也會不同，所以公司的訂單幾乎都是根據每個廠區的狀況客製化接單設計生產。以事業形態而言，就是先由事業所的內部接單確認訂單之後，才開始軟體、硬體的設計、生產、調度、測試、直到出貨為止的一系列作業程序。

大甕事業所在過去二十年，每個部門都建立了精簡的系統，該系統不時地也會加入最新的 IT 技術，並且在製造現場也已經開始使用工業製程（IE，Industrial Engineering）的技術進行生產改革。

儘管這些改革都已經有了一定的成果，隨著每個部門不斷地調整優化，在這個過程中大約也已經建立一百多個單獨的 IT 系統，所以系統功能的重複或是擴展的鈍化等不利影響慢慢地也就愈來愈顯而易見。也因為如此，儘管改善活動還是不斷持續的進行，但是整體的生產效率不僅沒有提升，一些矛盾的狀況還逐漸浮出水面。

因此，為了調整事業所的生產系統，事業所就開始啟動了「次世代生產系統」專案。這個專案首先聚集了熟悉設計、製造和採購等實際狀況的從業人員，並共同推動生產系統的改革。專案內容也在整個討論過程中，決定從現有系統中盡可能持續蒐集適用的訊息，同時也使用 IoT 蒐集新的必要資訊。

除了簡單的「可視化」之外，這個專案還會執行實際作業人員和設備的稼動狀況的控管，架構可以進行改善的機制，與其考慮各個部門調整的優劣狀況，企業總體系統的最佳狀況才是最優先考慮的方針。

特別是，針對實際生產活動的控管和生產活動流程的改善，不僅加入了業務設計的規畫，還整理設計這樣的流程：可視化（Sense）⇒ 思考（Think）⇒對策（Act）。

❀【圖表 115】工廠的「可視化 ⇒ 分析 ⇒ 對策」循環系統

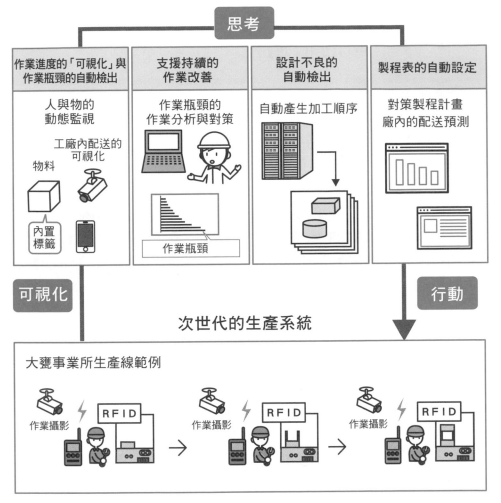

RFID：無線射頻辨識（ Radio Frequency Identification ）
利用無線通訊技術識別，讀取記錄有產品ID資訊的RF標籤

大甕事業所

1969年設立

地址：日本茨城縣日立市南部大甕町

工廠面積：20萬平方公尺

事業概要：公共事業為主的資訊控制系統的相關製造
例如：各種發電控制、道路交通監控、列車運行管理、上下水道及水利監控、
一般工業用的控制系統等。

事業所員工：約4,000人（作業員、關係企業員工）

5-9 設計效率化與生產製造整體的最適化

設計專業知識的累積與活用

接下來讓我們來看看日立「次世代生產系統」的例子，由這個例子我們可以了解設計的效率化和如何達到高效率生產的結構設計以及工作指示說明。

傳統的設計流程，通常都是設計工作人員針對每個客戶訂單進行個別的設計，因此會有許多相同功能的零件重複被設計運用，也會因為每個設計工作人員的技巧不同也會產生設計效率上的差異。所以，在這裡就可以將過去曾經共同使用過的設計圖樣整理成資料庫，如果這些使用過的設計圖樣不能滿足要求的時候還可以添加修改設計，一個訊息資訊容易取得的 IT 系統結構也就形成了。此外，即使是專案特別設計的零件，也針對較高重複使用機率的部分，在資料庫登錄新的零件資料開始運用。如此一來，不僅可以提高設計的效率，還可以達到設計品質的一致性，進而改善現場的工作效率和提升產品品質。

此外，還將設計和製造部門相關的工廠專有技術全部建檔建立資料庫，並利用 CAD 數據技術篩選出違反規則的樣式，用來構築一個避免設計不良樣式流入製造的系統。根據這樣的結構，過去都要在進入生產的階段才能發現的設計不良，現在設計的階段就可能早一步篩選出來，避免進入製程之後的修改作業，當然也提高了整體運營的效率。

組裝順序自動生成的系統開發

過去的時代，所謂的工作指示說明，都是現場的作業人員根據一張完整的圖紙，自己一邊思考工作順序，慢慢自己完成生產程序。

也因為如此，現場的作業人員要能完全理解這樣一張工作圖紙，可能就要經歷好年的實務經驗。在大甕事業所，他們為了針對需要個別設計的每個項目，利用了 3D 的 CAD 技術開發了一個 3D 設計系統，該系統可以根據取得的 3D 設計訊息自動產生裝配順序。結果，根據這一套的設計，製造現場就可以將一個生產指令的設計圖紙分解為工作流程的多個單獨工作指令。這種機制大大

縮短了一個專業作業人員的培育時間。這樣的工作組合也大大提升了工廠製造的生產效率。

✿【圖表 116】在設計現場，各種設計的專業知識會積累成為設計規則

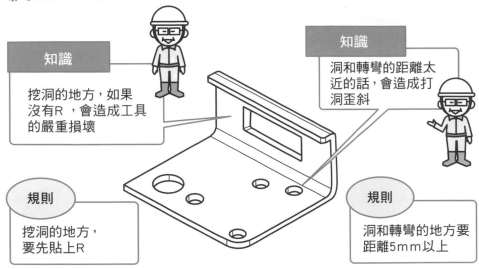

● 對於比較沒有經驗的設計師，要掌握所有的設計規則是比較困難的
● 設計規則的檢視需要時間

↓

將設計規則（必要條件）加入資料庫，並藉由向設計者提示違規部位和違規的原因，以減少不良的狀況並培養更專業的設計師

✿【圖表 117】完全接單生產的現有專業知識納入資料庫並點出違規部位

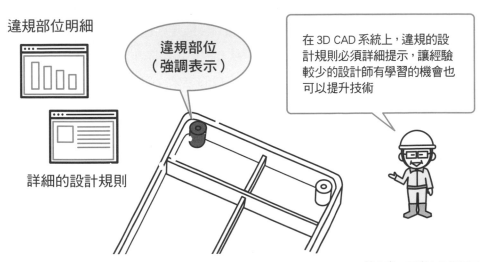

製程的調整和生產計畫的自動化可以縮短交貨時間

管理督導人員的決策決定可以使專業技能定型化

傳統上，大甕事業所由於個性化設計的關係，很難使用自動化的人工作業製程其實占了很大比例。事業所藉由這次專案的生產改革，建立了一個使用「無線射頻辨識」（RFID，Radio Frequency IDentifier）標籤的「可視化」系統，將過去不易控管的事項如，人工作業製程的前置時間、不良率管理、交貨日期管理等都納入了管理項目。

由於這些「可視化」的數據資料都沒有一個明確的使用規則，所以很多時候，在發生狀況時，都還是要靠現場的監督管理幹部做出判斷和決定。

因此，在這次專案的改革中，就針對了製程整體於日程調整時每個製程的負荷量、篩選出製造現場可能產生的問題和對策、經常要仰賴現場監督管理者決定的各項流程等項目，將這些專業的判斷技能定型化，納入系統運作的一環，形成一個任何人都可以執行的一致性自動判斷反應。

製程計畫負責人員的專業知識系統化、生產計畫自動化

再者，生產計畫的自動化在這次的生產改革專案也被納入規畫的項目中。大甕事業所生產的控制面板都是客製化的接單生產，在設計完成之前不會有最終確定的 BOM，所以一定要有 BOM 才能派上用場的排程器也很難使力，一定要等到製程計畫的負責人員有時間，才能到製造現場進行作業日程的調整。這樣一來，整體的作業量很難達到均等適量，也不可能提升工作效率。

透過這次的改革，將製程計畫負責人員的專業技能都加以系統化，現在即使沒有 BOM，也可以自動產生整個作業的製程。事業所還構建了一個系統，該系統可以根據現場每個不同製程的生產進度及時比較剩餘的工作量，將剩下的工作量作最適當地分配和發出工作指令。這個系統根據操作規則和系統一體化的方式，大幅減少過去都要仰賴等待管理監督人員的現場判斷的時間。

透過上述的系統的改進和操作，以整個生產改革項目來看，最具代表性的產品交貨時間大幅縮短 50％。

✿【圖表 118】製程的自動化設定案例

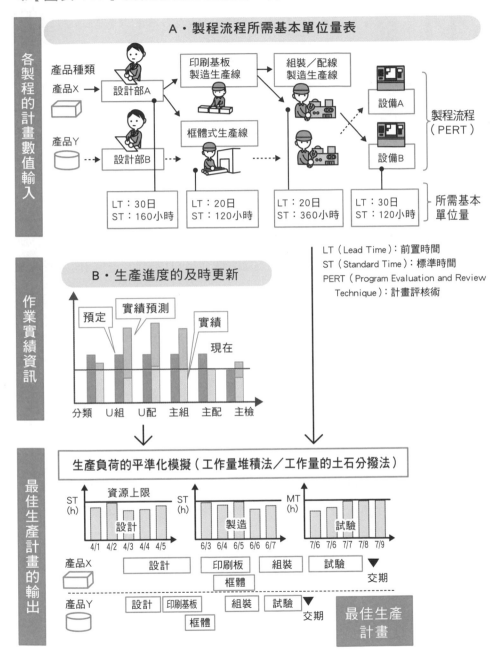

A・製程流程所需基本單位量表

產品種類

產品X → 設計部A → 印刷基板製造生產線 → 組裝／配線製造生產線 → 設備A ┐
                                                                    ├ 製程流程（PERT）
產品Y → 設計部B → 框體式生產線 ────────────────→ 設備B ┘

| LT：30日 | LT：20日 | LT：20日 | LT：30日 | ┐ 所需基本 |
| ST：160小時 | ST：120小時 | ST：360小時 | ST：120小時 | ┘ 單位量 |

LT（Lead Time）：前置時間
ST（Standard Time）：標準時間
PERT（Program Evaluation and Review
　　　Technique）：計畫評核術

B・生產進度的及時更新

預定　實績預測　實績　現在

分類　U組　U配　主組　主配　主檢

↓

生產負荷的平準化模擬（工作量堆積法／工作量的土石分撥法）

ST(h)　資源上限　設計　4/1 4/2 4/3 4/4 4/5
ST(h)　製造　6/3 6/4 6/5 6/6 6/7
MT(h)　試驗　7/6 7/6 7/7 7/8 7/9

產品X　設計　印刷板　組裝　試驗　▼交期
　　　　　框體

產品Y　設計　印刷基板　組裝　試驗　▼交期
　　　　　框體

最佳生產計畫

（左側縱向標籤）
各製程的計畫數值輸入
作業實績資訊
最佳生產計畫的輸出

製程流程所需基本單位量：每個製程所需的單位資源
ＭＴ（Machine Time）：開機時間

製程機械的相關訊息藉由 KOMTRAX 就可以遠距確認

KOMTRAX 開發目的、背景和功能概要

　　所謂「KOMTRAX」是由大型的建設機械品牌的 Komatsu（小松）這家公司所開發的機器操作管理系統，主要用於遠距離的建設機械的資訊確認。這個系統的主要架構，也就是我們在 5-2 中曾經說明過的 IoT 的基本概念和四大功能。以下讓我們看一下 KOMTRAX 的開發目的、背景和主要功能。

① **建設機械存在位置的「可視化」**：透過每一台建設機械最新位置和現場間移動路線的掌握，可以有效地編制車輛巡邏計畫並且可以適時向運輸拖車發送指令，執行有效的調度。

② **維修保養履歷的「可視化」**：目的在提高維修保養服務業運營的效率並降低固定成本。尤其在「提高銷售和服務部門效率」、「優化供應零件庫存和增加維修零件營業額」和「消除停滯的維修零件和庫存空間減少的成本降低」等方面希望可以達到顯著的效果。

③ **稼動狀況的的「可視化」**：目的在提高代理店和客戶的獲利。藉由稼動狀況的「可視化」，希望可以達到維修保養成本的降低、提高機器的稼動率；藉由操作人員作業流程的「可視化」，希望可以對操作人員進行適當的教育養成以及提高操作人員的熟練度達到操作時間的縮短，進而提高生產和客戶的獲利。

　　物聯網的四大功能：①從「人」和「物」獲取訊息；②透過網際網路將取得的數據積累儲存在數據資料庫；③分析積累的數據；④適時適地將訊息反饋給「人」和「物」，KOMATRAX 可以說是實現了這些先進做法的最佳案例（【圖表 120】）。

工廠內的所有資訊都可藉由 ICT 連成一個「智慧架構」

　　除了 KOMTRAX，小松還推行了一個「智慧架構」。所謂智慧架構是指建築工地的每一個訊息都可以利用 ICT 連接，建立實現安全高效能的「未來工地」的架構。

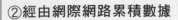

【圖表 119】KOMTRAX 的結構

雲端

②經由網際網路累積數據

③分析數據

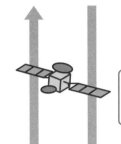

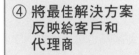

1. 工程機械位置的「可視化」
2. 維修保養履歷的「可視化」
3. 稼動狀況的「可視化」

①取得建設機具的
資訊

④ 將最佳解決方案
反映給客戶和
代理商

【圖表 120】KOMTRAX 成功的要點

No.	成功的要點
1	**顧客導向與公司全體的團隊合作** 不受經營者和全社的「為客戶著想」的顧客導向所約束的創意與執行能力
2	**明確目的和最終目的** 最終目標是繼續成為客戶不可或缺的存在
3	**ICT 和 IoT 的高科技** ●高目標設定：「為頂尖產品提供一流的創新能力，這是其他公司幾年內無法趕上的優勢」 ●全公司努力增強技術能力

部分引用自野路國夫「數位轉型經營」的「ＫＯＭＴＲＡＸ平台」

養蜂人家的AI應用實例

文／伊藤大輔

筆者所在的公司，正是幫忙解決類似少子化、高齡化而導致企業人手不足而苦惱等各行各業的問題。在這麼多種問題當中，有一項非常特殊的參與解決的個案就是管理蜜蜂的「Bee Sensing」（蜜蜂感測器）裝置。

在生產蜂蜜的的養蜂業中，蜜蜂必須飼養在專門的蜂箱。蜂箱的蓋子如果沒有打開，是看不到裡面蜜蜂的狀況；所以養蜂的人必須經常打開蜂箱的蓋子，看看蜜蜂還有餵食。但是，蜂箱的蓋子如果長時間打開，蜜蜂不僅容易受到驚嚇也會承受很大的壓力，所以也不能一直保持蓋子開啟的狀態。在有這麼多條件和約束之下，想要一個蜂箱一個蜂箱全部檢查，那就必須花費很大的精力。

而且，養蜂又經常遠離人煙在一些僻靜的山上，光要走到現場可能就要花費很多力氣，而且通常養蜂人家都會同時擁有好幾個養蜂場。

為了解決這些問題，我們就開發了一種小型感測器。就是先前提過的蜜蜂感測器。我們將這樣的裝置安裝在蜂箱中，如果打開電源就可以使用智慧型手機觀看蜂箱內部的狀況。利用這項技術，我們還提供了一個系統，這個系統可以自動確定過去是黑色箱子的蜂箱內部狀態，箱內如果有任何徵兆，系統也會提供訊息。這樣的技術，我們是得到國立研究開發法人的「國家農業暨食品工業研究機構」的技術合作下進行研究。

之後，我們會採取並蒐集有關溫度、濕度、重量、振動和語音等的數據，藉由 AI 的學習功能，如果顯示「生病了」這樣訊息徵兆時，養蜂人家就可以在疾病跡象尚未明顯的時候立即採取行動。 例如，蜜蜂有逃逸跡象時，感測器也會發出警示，可以讓養蜂人家等待並提前捕捉到逃逸的蜜蜂。依照過去的經驗，養蜂人家想要改善管理的唯一方法就是參考其他養蜂人的成功經驗。但是，這些經驗方法卻無法反映各種條件，例如，陽光和風向不同也會產生不同的狀況。

利用 AI 可以進行科學管理而無需思考，不僅對個人的養蜂人家，對整個業界都有益處。何時、何地、如何採取蜂蜜等，通過這些數據的蒐集，不僅可以提供安心的產品履歷，也可以創造安全可靠的品牌價值。儘管應用領域不同於工廠，但也可以說是一個很容易讓人了解的 AI 應用的例子。

第 6 章

AI、大數據和 RPA 的工廠應用

6-1 | AI 與傳統系統有何不同？

所謂 AI？

1947 年，數學家天才艾倫‧圖靈（Alan Turing）首次提出了 AI 的基本概念。人工智慧一詞是約翰‧麥卡錫（John McCarthy）於 1956 年在達特茅斯會議（Dartmouth Workshop）之中首次使用。AI 是一種透過電腦模仿人的智慧頭腦執行知識性的任務和推論並從累積的數據中學習更進一步到高度智慧境界的一種系統。

在工廠製造業中，AI 已經慢慢被應用在外觀檢查。現在的製造業因為少子高齡化的影響，工廠的勞動力短缺和來自工作量的壓力非常嚴重，所以對於可以提高生產力的 AI 可以說是寄予厚望（【圖表 121】）。

與傳統的應用系統有何不同？

AI 是系統導入之後才會形成判斷的標準，這點和傳統系統相同。

例如，以 6-5 中所描述的不良品分類的例子，傳統系統的做法是，將良品與不良品的判斷基準在系統架設的程序上就已經設定好了，但是，AI 的系統，在系統架設後不須要借助系統業者的協助設定，AI 也能自己調整更新。

傳統的系統在系統架設的階段就必須將所有的判斷基準事先設定完畢。萬一中途需要變更標準設定時，往往都要另外支付費用。

如果換是 AI 系統，判斷的基準可以在系統設置之後讓 AI 自行學習，因為可以隨時增加 AI 的學習項目，在系統架設後，不僅完全不需要像傳統的系統還要增加費用修改程式，AI 系統之後都可以逐步學習改善判斷基準。以外觀檢查為例，AI 系統導入之後不僅可以變更檢查基準，如果想要 AI 可以判斷不一樣的不良瑕疵時，使用者本身也可以讓 AI 自己重新的自我學習。

✿【圖表 121】現在的 AI 已經可以做到原本只有人類才能做的事

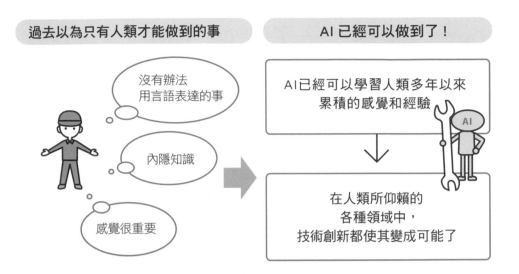

過去以為只有人類才能做到的事　　　　AI 已經可以做到了！

沒有辦法
用言語表達的事

內隱知識

感覺很重要

AI 已經可以學習人類多年以來
累積的感覺和經驗

在人類所仰賴的
各種領域中，
技術創新都使其變成可能了

✿【圖表 122】AI 也讓「職人技藝」變成可能

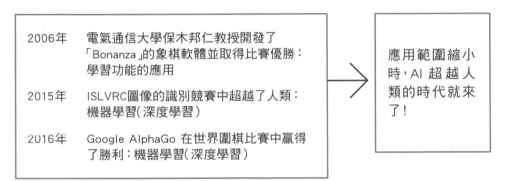

2006年	電氣通信大學保木邦仁教授開發了「Bonanza」的象棋軟體並取得比賽優勝：學習功能的應用
2015年	ISLVRC圖像的識別競賽中超越了人類：機器學習（深度學習）
2016年	Google AlphaGo 在世界圍棋比賽中贏得了勝利：機器學習（深度學習）

應用範圍縮小時，AI 超越人類的時代就來了！

AI可以取代職人技藝

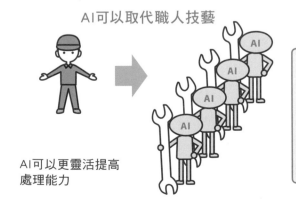

AI可以更靈活提高
處理能力

● 可以延續技藝，確保穩定
　的生產

● 減少浪費並消除長期的勞
　動力不足

6-2 | 過去多次的 AI 浪潮起落 成就了這次的 AI 革命

AI 過去曾經多次的起起落落

AI 在過去的時代曾有過多次的起落，隨著 AI 演進的能力不斷提高，才來到現在的 AI 大爆發（【圖表 123】）。

AI 第一次的榮景就是電腦遊戲，可是那時候的規則無法編寫，還有模稜兩可的地方也沒有辦法處理。

AI 的第二次榮景在 1980 年代達到巔峰，日本也曾經編列了 570 億日圓執行第五代計算機國家計畫（1982 至 1992 年），嘗試將醫生、翻譯人員和其他專家的知識移植到電腦，試圖解決類似這些專業知識這樣的複雜問題。但是，最後也因為實用性的應用軟體開發不足，加上沒辦法追加預算面臨寒冬，留下了專業的內隱知識無法系統化的課題。

相對於過去幾次的榮景，這一次，在 2000 年代一開始，就已經發展到機器學習的 AI 學習方法（【圖表 124】）。所謂的機器學習是一種根據數據自動形成判斷標準的技術。尤其這幾年，大家非常熟悉的圍棋和日本將棋的 AI 競賽，見識了運用深度學習 AI 就已經可以超越人類能力的實況，也在這些新聞媒體的大力傳播之下，AI 的深度學習也開始慢慢普及。第二次 AI 榮景的時候，一直沒有辦法克服的人類感覺的問題和經驗；以及對未知的問題該如何因應的課題，在這次的 AI 相關的研究和新創都得到成功的解決方法，並且也開始了實際的應用。

AI 不是「全能的神」

人工智慧在某種程度上好像被誤解成是一種萬能的魔法。但是，現在的 AI 能夠超越人類的也僅限於一些特定的領域中的特定對象罷了。現今 AI 的主流其實就是數理模式的實現，即使是真的「全能的神」也不能夠對已知的未來提早提供訊息，更何況實際發生的事情和 AI 的答案，也不會是 100％相同。

有時候客戶會這樣問「因為是 AI，所以應該是 100％正確的吧？」這時，一定要注意千萬不可以做「100％正確」這樣的回答。

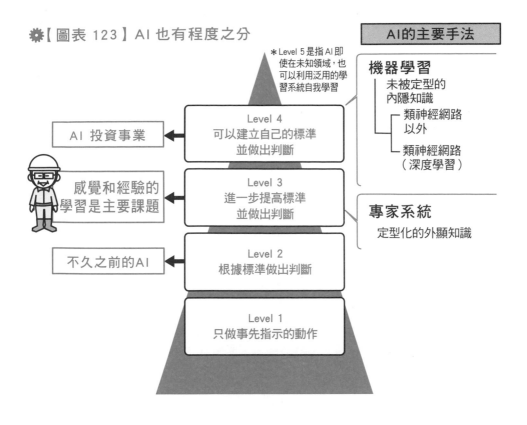

✿【圖表 123】AI 也有程度之分

AI的主要手法

＊Level 5是指AI即使在未知領域，也可以利用泛用的學習系統自我學習

機器學習
未被定型的內隱知識
├─ 類神經網路以外
└─ 類神經網路（深度學習）

Level 4
可以建立自己的標準並做出判斷

AI 投資事業

感覺和經驗的學習是主要課題

Level 3
進一步提高標準並做出判斷

專家系統
定型化的外顯知識

不久之前的AI

Level 2
根據標準做出判斷

Level 1
只做事先指示的動作

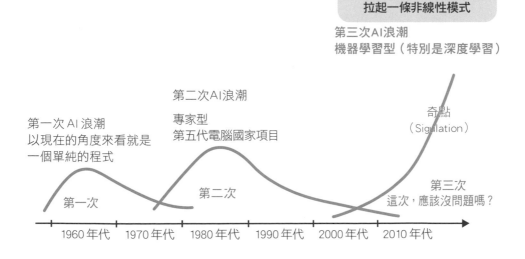

✿【圖表 124】機器學習：深度學習（deep learning）帶來技術的進步

從數據中自動拉起一條非線性模式

第三次AI浪潮
機器學習型（特別是深度學習）

第二次AI浪潮
專家型
第五代電腦國家項目

第一次 AI 浪潮
以現在的角度來看就是一個單純的程式

奇點
（Sigulation）

第一次

第二次

第三次
這次，應該沒問題嗎？

1960 年代　1970 年代　1980 年代　1990 年代　2000 年代　2010 年代

6-3 AI 導入時的提案與工廠的應注意重點

AI 的導入應該如何進行？

AI 導入時，什麼樣的性質的工廠在什麼樣的廠區、適用什麼樣的 AI 提高生產率？如果工廠和 AI 的提供者相互之間沒有足夠的了解就會失敗（【圖表 125】）。所以一定要有很多的討論會議，與工廠分享 AI 的基本原理、應用領域以及每個領域 AI 產品的成熟度等。如此再根據工廠需要選擇合適的 AI 應用，所以主導及參加會議的人員，無論 AI 的提供者或是工廠的人員一定都是對自己的領域相當了解的關鍵人物（【圖表 126】）。

如果將 AI 的指定功能精簡到最小範圍，非常有可能超越人類。所以必須弄清楚工廠想要的是在某個工作點引進愈來愈多的 AI，還是希望可以開發在未來幾年內可能蓬勃發展的領域。

至於 AI 部署的規模，盡可能選擇工廠中的小廠區開始嘗試導入，而不是從一開始就大張旗鼓大量引入。通常在引進大約半年之後，工廠的許多相關人員大概才會慢慢親身感受到 AI 的存在，這時才適合進行全面導入的討論。

近年來，AI 已經可以將自我學習得到的模式應用到實際操作的數據，可以推論並且回覆是否達到工作的一致性，所以在理論上如果沒有使用 AI 自我學習所得的數據，就不可能達到 100％的準確度。很容易造成期待過高、過於誇大，反而忽視正常該有的判斷，最後導致故障造成反效果。

系統結構應該如何配置？

當 IoT 和機器人取得數據之後，傳送到 AI，經過 AI 的判讀再反應到行動之間可能需要好幾秒的時間，這中間到底可以有多少的容許時間就關係了系統配置。如果網路線路不是配置在身邊，又不容許有絲毫的延遲，那麼就需要在工廠現場配置「邊際運算」而不是使用「雲端」。

第五代移動通信系統（5G）的時代即將來臨，網路安全和延遲問題也是必須考慮的問題。雲端配置的優點是可以及時應用最新的技術並將故障單一化，所以建議可以考慮使用雲端和邊際運算的混合配置（【圖表 127】）。

✿【圖表 125】AI 順利導入的要點

「從小處開始，抓住核心慢慢傳播擴散」

- 積累和擴展成功經驗
- IoT x AI的特徵是「累積經驗永無止境的改進」
- 從簡單好入手開始擴展到「完全了解」的範圍

「從具有四個季節循環的事項（『年輪』數據）開始入手」

- 蒐集數據需要一年時間的事項,可以列入AI初期導入的執行工作

✿【圖表 126】考慮導入 AI 的相關問題

「最期待AI可以幫忙做什麼預測？商轉成本和痛苦是否很大？」
→是否造成管理營運衝擊的觀點

「工作人員突然辭職,是否有人覺得非常困擾？」
→技術是否可以立即銜接的觀點

「多年經驗累積的技能難以言傳？」
→職人技能的觀點

「從現在開始蒐集數據,將來就可以應用？」
→數據存儲的觀點

「任何人遇到不管是否在自己的部門的事情,都可以立即了解事情的重要和緊急程度嗎？」
→組織內溝通／人際關係的觀點

「既有的感測器到數據處理,如果有AI好像就能改善？」
→AI數據處理的觀點

✿【圖表 127】計算機資源應該如何分配？

邊緣運算的配置

- 應用範圍：適用於高速線路
- 優勢：高速處理
- 缺點：需要購買備用機器

雲端配置

- 應用範圍：高速配線以外
- 優勢：提供最新的AI、單點故障
- 缺點：高速處理需要等待5G正式商轉

6-4 大數據的有效應用與數據量增加後的課題

大數據的意義與課題

如果處理的數據量愈來愈多，一般的系統通常不會有數據處理過量這樣的意識，所以當數據過量時就很容易中途停止運轉（爆量當機），或是造成沒辦法容許的處理等待時間。這種負載過重以至於發生上述現象的數據我們稱之為「大數據」。大數據不同於一般小容量系統的處理方式，而是必須要有更進階的方式才能進行處理。

大數據除了本來就有的問題之外，自從 IoT 開始被廣泛使用之後，又產生了新的問題。例如，以及時監控為目的的及時監控系統，當然就要求及時的回覆。此外，日期時間的表示（time stamp）訊息也會藉由 IoT 發送，但是這樣的發送方式也可能改變對日期時間的信任度。因為，物聯網系統的數據傳輸的順序可能與數據產生的順序不同，這一點在使用 AI 學習時必須注意和考慮的。

不再是人類處理 IoT 的大數據，而是必須習慣 AI 的自動化處理

數據科學家可以在有限的時間內進行特定對象的分析。但是，電腦就不同，除非大數據的爆量當機，否則電腦一般都可以處理繁複的資料。但是 IoT 化的所有管理數據也要人類逐一檢查，是非常不切實際的。所以如果 AI 不能處理 IoT 的大數據，還要仰賴人類得檢查和判斷，那麼自動化循環就無法完成。

大數據必須利用 AI 的判斷後反饋再利用

在使用 IoT 或平板電腦設備等為工作記錄構建一個輸入系統，達到工作現場的「可視化」之後，問題是如何將這些數據轉向大數據處理。我們可以想像數據量只會愈來愈多，很難想像會有減少的狀況。所以要透過 AI 與 IoT 的結合，將數據處理之後還能反饋到工作現場，建構一個人類只需要處理異常發生狀況的系統環境（【圖表 128】）。這樣一來，才可以將 AI 的工作縮小到異常或是重要事項檢測的重點主義管理。

✿【圖表 128】取得的資訊經由 AI 的處理・判斷之後反映給工廠

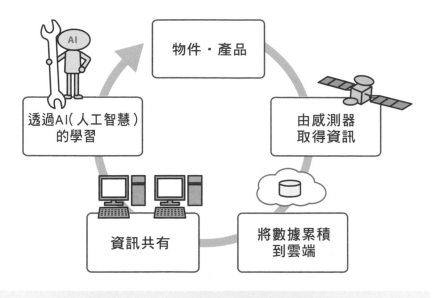

- 人類可以擺脫龐大數據分析的負擔
- 藉由AI(人工智慧)的學習功能,可以導入最佳方法的使用

✿【圖表 129】AI、IoT 的商業應用效果

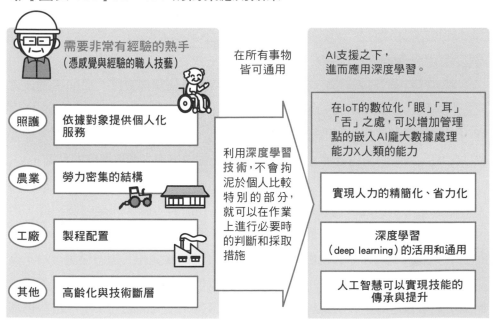

6-5 | AI 實現目視檢測的自動化

傳統手法的局限性和 AI 的突破

　　儘管無人工廠已經慢慢形成，但需要依賴人類的感覺和經驗的檢查判斷卻是很難系統化。傳統的解決方案就是引進自動檢查設備。然而，目前的檢查裝置也因為檢查基準的臨界點（例如亮度和長度超過某些數值之間的判斷）存在的問題，只有人類才可能判斷可否的灰色地帶很難用檢查裝置設定處理。

　　一直以來的系統通常都將檢查系統的設定弄得很複雜，並且必須花費很多時間設定和調整。因為，設定如果太嚴格，產量很可能就會下降，如果太寬鬆，不良狀況被很容易被忽略，最終還必須由作業人員重新判斷（【圖表130】）。

　　傳統上訓練檢查人員都不會只是專注單點，而是要廣泛掃描周遭範圍的「外圍視覺檢查方法」進行培訓，以提高檢查員的能力。但是，現在 AI 的出現，已經可以進入人類感覺和經驗的深度學習並且也可以應用於視覺檢查領域，可謂是 AI 創新的迅速發展。

應該使用什麼樣的方法解決問題？

　　以 AI 進行的目視檢查，必須依靠攝影裝置蒐集圖像數據，從前透過人工視覺判斷的（刮痕、凹痕、汙垢、形狀異常、組裝異常等），缺陷，現在 AI 已經可以經由學習取代人類進行一次識別的判斷。從前一定要靠人類的直覺和經驗才能做出判斷的灰色地帶，也能透過深度學習做出比人類更準確的判斷。

　　使用 AI 目視檢查和與人類有很大的不同，AI 不會因為某年某月某日身體不舒服或是心情不好，造成判斷誤差。對於 AI 而言，圖像只是一個數據，也不會選擇感應器的類型。除了光學體系之外，還可以從任何圖像數據（包括雷射和 X 光線圖像）中學習特徵。無論是①不良品的檢測和②經過檢測後的不良品分類，還有檢測歷史紀錄的保存等，都可以形成一個工廠情報共有的架構。無法用數字表達的定性判斷通常會給檢查人員帶來很大的壓力，所以這些也都可以藉由人工智慧改變作業方式。

✿【圖表 130】傳統自動檢測系統的課題

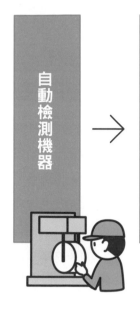

自動檢測機器

→

· 利用外顯知識設定檢測條件
（遺漏檢測·過多檢測）

· 系統愈來愈複雜

· 只有專家才會調整

→

剩下需要目視檢測的部分

生產線導入案例 ①
外觀檢查(如：刮傷、斑點等)
（以檢查香蕉為例）

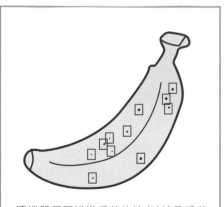

讓機器學習辨識香蕉的糖斑(就是香蕉皮上出現的褐色斑點)，則可以對其進行標記。

生產線導入案例 ②
與Ｘ光檢測設備連動（異物混入等）
（以粉體的檢查為例）

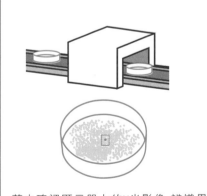

藉由確認顯示器上的Ｘ光影像，辨識異物，即使是首次混入的異物也能檢出。

6-6 AI 實現機械參數的自動設定

參數（parameters）自動設定的優點

　　產線開始準備投產之前，製程師必須要花很長的時間先進行產線的參數設定和調整，無論時間和人工成本都有很高的花費。再加上隨著產線處理量的增減和品質基準的變化，這些參數也必須仰賴專業的技術人員進行適當的調整。近年來，生產型態慢慢朝向少量多樣的產品生產模式，調整的成本負擔也會愈來愈高。

　　像這樣參數的設定也可以利用 AI 設備來執行，我們稱為「機械參數的自動設定 AI」。對於製造設備製造商來說，自動配置 AI 的引進也讓工作變得更輕鬆容易。

　　上述參數的自動設定，就是利用「強化學習」的技術。所謂強化學習也是 AI 學習的一種，AI 可以從設定時給予的環境和選擇中進行搜索，什麼樣的環境採取什麼樣的方法，就可以取得最好的狀況，AI 都可以透過學習取得最佳的參數。而當前的主流方法也是根據試驗結果再利用 AI 的深度學習技術進行必要的微調（【圖表 131】）。

導入 AI 的流程和要點

　　引進自動化 AI 時，需要有幾個步驟（【圖表 132】）。

　　在進行參數調整時，所需要的結果還要經由作業人員的判斷才能確定，首先就必須讓 AI 學習判斷的判斷基準。如果是透過目視的判斷，請參考 6-5 中，曾經說明目視檢查的 AI 學習。

　　為了能夠多次反覆自動的測試錯誤檢測，錯誤測試的製程一定需要自動化，如果製程沒有數位化，首先還必須準備一個模擬環境。與其希望將目視檢查 AI 導入在立即可以應用的環境，應該導入在未來幾年內會蓬勃發展的環境會比較適當。因為從導入 AI 自動設備開始到進行檢測實驗到開花結果到可以正式導入生產製程為止，整個製程的完成一定要有需要花費好幾年時間的心理準備。

✿【圖表 131】自動設定 AI 的結構

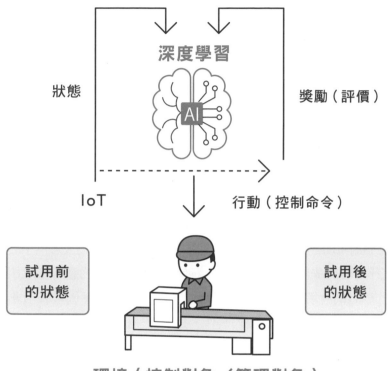

環境（控制對象／管理對象）

✿【圖表 132】導入自動設定 AI 的步驟

① 審理判斷功能AI的導入

- 讀取狀態數據的自動化(IoT系統+控制設備數據系統)和數據自動處理AI
- 試用評價和獎勵計算自動化

② 檢測功能AI的導入

根據狀況和獎勵，計算應該採取什麼樣行動的方法，稱之為「自動調整」。

③ 輸入需要的品質和處理速度，就能自動設定最佳的參數。

6-7 AI 的應用實現了 機器人動作的自主學習

協作機器人與動作的自主學習

可以沒有安全護欄，也可以在狹小的空間工作的協作機器人（service robot）的逐漸興起，導致大家的注意力也慢慢集中到機器人動作的自主學習（【圖表 133】）。「ISO10218-1：2011」中將協作機器人定義為「在規定的協作空間，以直接與人類合作為目的所設計的機器人」。

所謂的工業機器人是屬於產線製程的應用，所以所有的運作軌跡都必須預先設定才會有所幫助。但是一開始就設定應用在各行各業成為人類幫手的協作機器人，就沒有辦法預先設定動作，需要一種使其更貼近人類的靈活學習方法。

動作學習的應用對於物理的世界而言，各項模擬的準備是一項非常繁複的製程。所以必須根據手邊需要的動作，先製作一個模仿動作的 AI 模型，利用這個 AI 模型與裁判 AI 之間進行交互作用，並且取得標準動作的模仿學習，這樣的學習方式就是目前協作機器人學習的主流。

不過，只是簡單動作的模仿學習而不做危險動作的學習也很危險，因為乍看很聰明的協作機器人，事實上也有很危險的時候。為了安全起見，應該設定一些可以避免造成人類危險的學習參數設定。所以也很期待目前還沒有工業機器人的服裝縫製產業，將來也可以引進協作機器人。

搬運也朝向機器人的運用與安全設備

機器人目前已經可以運用無人駕駛搬運工廠零件等物品，因為在建築物的內部無法使用 GPS，所以有時可能會使用線路追蹤器（line tracer），也可以使用「即時定位與地圖構建」（SLAM，Simultaneous Localization and Mapping）執行現在位置的定位。現在還可以結合 AI，提前預測下一個任務並提供可能使用的內容，從而提高效率。

無論是協作機器人或是自動搬運的無人駕駛車輛，都必須進行適當的安全性評估。不僅是要喚起工作人員的安全注意，也是基本的安全防護措施，一定要徹底確保工作的安全和所有附加的安全措施。

❋【圖表 133】與人類在相同的空間，操作接近人類工作的協作機器人

产線導入AI的協作機器人就不需要安全護欄

這樣一來，人類的作業空間就縮小了

導入AI的協作機器人之後，人類的作業空間變大了，也比較容易操作

可以設定機器人動作的種類

① 所有統一教導動作都是由人設定（傳統做法）

② 以教導為基礎的AI 學習

③ 排除教導的AI 學習（※）

※ 並不是排除所有的教導，系統設計者會在AI的幾個地方下功夫，沒有教導的動作也能使其自動取得。

●協作機器人的ISO安全標準
符合《工業安全衛生法》和《勞動安全衛生條例》規定的ISO10218-1、ISO10218-2、ISO／TS15066規範（80W以上的馬達輸出者）
※未滿80W者，因為將來也必須符合標準，所以必須在安全上充分了解ISO目的。

（出處：《功能安全活用實踐手冊》(暫譯,原名『機能安全活用実践マニュアル』,厚生労働省・中央労働災害防止協会)

6-8 | AI 針對不良原因解析的應用

應該選擇什麼樣的課題？追求什麼樣的目標？

當產品的不良發生時，我們都非常期待期望 AI 可以應用在「不良原因的分析」並且提供不良發生時的狀況、原因、所應採取的立即處置以及往後的對策等。以下我們將針對幾個重點說明：①不良品篩檢；②異常檢測；③文書檢索和④自動記錄。

① **不良品篩檢**：如果可以將不良品的篩檢委託給 AI，那麼當製程上有不良的狀況發生時，AI 就可以立即讓產線立即停止產生，有對策之後才再次重新啟動生產，如此一來就可以大大降低損失率。如果已經有了不良的數據，這時也可以立即讓 AI 開始學習。如果是屬於圖像目視的不良篩選方式時，也可以透過深度學習的方法解決（請參閱 6-5）。如果可以取得感測器的數據，那麼也可以透過對品質不良案例的深度學習來進行不良的篩檢（請參閱 6-9）。

② **異常檢測**：隨者不良狀況的發生，什麼時候什麼地點還會發生什麼樣的狀況可能伴隨發生，我們都可以利用 AI 從感測器中查取數據。再說要查閱由 IoT 上蒐集來的大數據即使是博學多聞的天才專業技師恐怕也是一件非常困難的事，這個恐怕也已經超越了人類的能力，但是如果是 AI，在極短的時間之內就可以檢測到異常的狀況（【圖表 134】中圖）。

③ **文件檢索**：傳統的系統有一些根本的問題，就是系統導入時需要負擔工廠產線上非常龐大的圖形介面工具的費用，但是往往得不到預期的資訊和效果。現在如果透過 AI 的使用，在不良發生就可以立即調閱過去的文件檔案的數據查詢相關資訊，或者從另一個知識系統中發掘一些相似的知識提示（【圖表 134】上圖）。

④ **自動記錄**：為了分析不良產生的原因，AI 已經可以藉由產線上拍攝的作業影像，自動生成做成基本數據並且進行儲存。在鼓勵縮短工時的現代社會，在辦公室處理例行事務或整理資料的時間時愈來愈有限。所以現在也出現一種應用圖像解析和上下文（文脈）分析的方法來蒐集數據，這樣的方法在日常的作業時間，不必特別花費其他的勞動時間就可以輕鬆完成。（【圖表 134】下圖）。

✿【圖表 134】利用 AI 進行不良原因的分析

利用文字探勘技術，調查不良品產生的原因

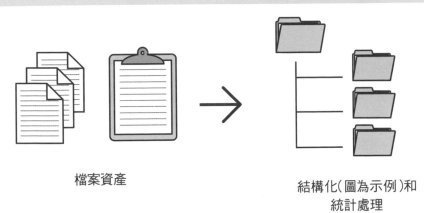

檔案資產

結構化(圖為示例)和
統計處理

用於異常檢測

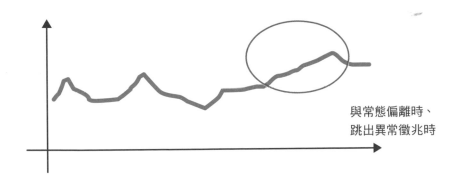

與常態偏離時、
跳出異常徵兆時

用於作業報告的自動產生

標籤（telop；特效符號）
的自動生成

AI能夠識別一系列節點動作所形成的點，
並自動生成工作紀錄。

AI 的應用與設備的保養維護

AI 挑戰了受到傳統方法限制的設備維護

設備的定期維修檢查就是為了防範未然，但對於突發的故障卻是完全無法預防。設備發生故障，生產計畫就會被打亂，維修成本也跟著增加，因為在許多情況下，可能都需要在工作以外的作時間輪班處理機器設備的故障問題，因此以改革改善的觀點來看，也是一個必須正視的課題（【圖表 135】）。

即使沒有發生故障，但由於某種原因致使機器設備要走不走、有時能動有時又不能動，在日文裡稱之為「Choko Tei（日文：チョコ停）」也可能導致巨大的損失。在傳統上為了希望提高機器設備的稼動率增加生產，都會進行「故障的預測」和「稼動中斷的原因並採取因應策略」。目前 IoT 也已經可以偵測機器設備的故障，但還沒辦法預知防範。因此，利用 AI 進行種種故障徵兆的學習模式，在機器設備故障發生之前對其進行預測並發出警告，這樣的功能目前也都在開發中（【圖表 136】）。

各種感測器顯示所顯示的訊息可以檢測故障可能發生的跡象

機器設備，如果單純只是由一系列的感測器接收訊息形成「可視化」的環境，對於機器設備的維護效果實在很有限（請參閱 6-4）。因此現在也在嘗試運用各種技術分析故障原因，並且利用機器的深度學習可以提早掌握故障的各種跡象。

IoT 連結機器設備的感應器通常有二類，一是感測機器是否當機正常運轉與否的感應器，另一個是發出警告的感應器。如果當裝上感應器的機器設備發生起火自燃或是溫度升高時，溫度感應器也會記錄狀況發生的時間。所以如果透過 AI 進行這些數據和預兆的學習，就可以根據這樣的訊息事先提出故障可能發生的警告（【圖表 137】）。

這樣的預兆學習會使用到二種類型的感應器：一種是專注於振動感測的資料軟體，另一種專注於聲音感測的資料軟體。振動感應器主要裝置在機器內部的旋轉機內，偵測機器設備的震動狀況。機器的震動會有拉長縮短的現象，所以安裝之前一定要事先考量安裝環境再進行安裝。

✿【圖表 135】AI 和 IoT 在管理檢查業務上的效果

導入前（工廠現場確認）   **導入後（遠端監控）**

| 全數確認 | 突發狀況因應 | | 全數確認 | 有計畫的因應 |

每次都要廣泛全數的檢查

狀況不行了，就要急忙起來

屬於勞動密集的工作，所以作業時間再拉長會更辛苦

好像怪怪的，感覺狀況有點糟糕時立刻進行檢查

根據預兆因應準備零件物料

可以實現省時省力的規畫

作業件數＝管理對象數

作業件數＝管理對象數中的異常數量 ✕ 異常率

出處：ad-dice Co., Ltd.

✿【圖表 136】運用 AI 學習功能進行機器設備故障德預知

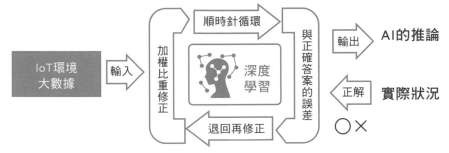

IoT環境大數據 → 輸入 → 加權比重修正 → 順時針循環 → 深度學習 → 與正確答案的誤差 → 輸出 → **AI的推論**

退回再修正

正解 → **實際狀況** ○✕

✿【圖表 137】運用 AI 進行巡邏檢查和突發故障的避免

Before

怎麼又壞了。又要請具有電工資格的作業人員加班或是假日來處理，如此一來加班費又要爆增，恐怕工廠這期又沒辦法獲利，老闆又要氣壞了……

After → 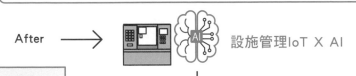 設施管理IoT ✕ AI

AI導入前的課題

● 因為故障而被叫來工廠造成很大的工作壓力

● 由於必須緊急應對，現場負責人員心理負擔很大

● 需要經常加班造成人事成本的增加

偵測到異常並事先提出警告

可以透過事先的人員規畫、事先編列預算，業主就能安心採用因應對策，在這個勞動力短缺時代，能夠成為一家受到業主信賴的專業系統業者

RPA 取代並提高辦公室業務的效率與自動化

RPA 可以協助人類處理高重複性的業務流程

機器人流程自動化（RPA，Robotic Process Automation）是第四次工業革命技術中除了 AI、IoT 和 FinTech 以外重要的技術之一，主要是輔佐白領階級的工作使其更具效率和自動化。利用 AI 等的認知技術，協助人類執行一些具有一定規則、重複程度高的工作，所以也稱為「數位勞動力」（digital labor）（【圖表 138】）。

RPA 的特徵在於，協助人類在電腦上的操作和作業並且藉由數位媒體的記錄和反複執行，可以說是可以完全取代人類執行作業的一個技術。之所以被稱為「數位勞動力」的原因是 RPA 無論在作業速度、品質和成本跟人類作業比較起來都遠遠更有效率而且便宜許多。但無論是稱之為「RPA」或是「數位勞動力」都不是一個很貼切的說法，只能說是一種模糊的流行語。

RPA 正在接管人力資源部門的工作

應用程式和數據輸入、以及需要人類處理的鍵盤和畫面作業等我們都可以藉由專業軟體（RPA 工具）的應用進行記錄，也就是使用所謂的「數位勞動力」協助執行這些必須反複執行的工作。

實際上，現在有許多 RPA 工具，早在 RPA 一詞誕生之前就已存在，現在只是將之前的系統自動化和混合性的系統再加上「記錄」和「重複」功能。因此，RPA 應該不能說是 IT 而是應該被視為 HR 人力資源（HR，Human Resource）管理的新技術。如何能成功地運用 RPA，最重要的還是能夠操作許多「數位勞動力」並透過 AI 進行複雜而且高重複性的作業（【圖表 139】）。

日本在 2007 年左右，當時還沒有 RPA 一詞時就已開始運用類似的觀念，到了 2016 年就已經開始全面實施。而現在生產勞動人口日趨減少、IT 投資遭遇臨界點、作業方式改革等背景下，RPA 也順應潮流正在日本各地蔓延。到了 2017 年，雖然只有大約 10%上市公司正式導入 RPA，但已經進行內部導入評估階段，無論公司規模大小，可以說是已在日本全國展開。

✿【圖表 138】RPA 是什麼？

資訊系統的操作藉由RPA工具進行記錄，「數位勞動力」（可以自動執行定型化例行業務的電腦或機器人）可以重複代為執行。過去只能由人類完成的工作，現在可以利用「數位勞動力」的機器幫忙完成。

導入對業務流程和資訊系統並不會產生任何影響，因此以導入的容易程度和效率來看，都非常令人有很高的期待。

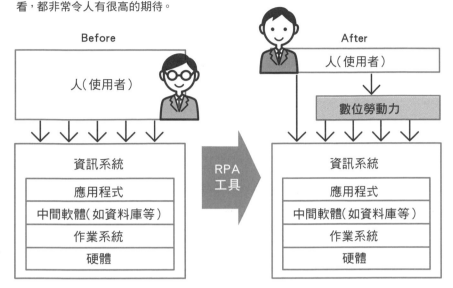

✿【圖表 139】數位勞動力的高度化模式

RPA本質（STAGE1）已經非常普及
今後與周邊技術的結合，可以加速創造下一世代的數位勞動力

	STAGE	核心技術	普及度	所產生效果
STAGE1	Basic	RPA	一般普及	電腦作業上的部分定型業務更具效率
STAGE2	Cognitive	RPA+認知技術	較先進企業實務應用	無關電腦作業上是否為定型業務
STAGE3	Intelligence	RPA+弱AI	技術上有實現的可能	企業決策的準確度提高及合理化
STAGE4	Evolution	RPA+強AI	長期展望	集中在人類較難精確完成的業務
STAGE5	Android	RPA+實際的身體		

（出處：日本RPA協會／ABeam Consulting Ltd.）

6-11 RPA 的特徵與有效的運用

RPA 為何會形成潮流？

隨著 AI、IoT、金融科技和區塊鍊等技術的普及，RPA 也以驚人的速度在日本各地傳播。滲透的原因可能有四個：

① **低技術障礙**：即使不是製程師，也很容易學習，因為僅僅是記錄及一般性的工作，不需要程式設計。

② **可以達到最大的經營效果而且可以產生立即的效果**：數位勞動力與人類工作人員相比，自然在服務水準，品質和人工成本上都比較具有壓倒性的優勢。

③ **沒有勞資問題**　從雇主的角度來看，數位勞動力可以一年 365 天、每天 24 小時工作，不會有任何的抱怨，也不會動不動就說要離職、曠職、罷工等，可以讓雇主完全擺脫勞資爭議。

④ **因應生產勞動人口減少的措施**　隨著生產勞動力的減少，尤其是在工廠較為集中的非都會區，數位勞動力有望成為直接而且立即可以解決問題的方案。

綜合上述的觀點，RPA 管理技術的本質已經不僅僅是「RPA 工具」的內容，而是可以根據企業的需求朝向非常方便的超級作業人員的應用。

RPA 的管理技術是不可避免的嗎？

除了 RPA，或許也會有人認為，如果好好的開發投資 IT 技術，也有可能達到這樣 RPA 的效果。沒錯，筆者也是這樣的想法，如果可以在 IT 的技術上多一些投資開發，其實 RPA 也不一定是必要。

但是，長久以來一直存在著一個問題，就是 IT 可以解決的問題範圍實在非常有限（【圖表 141】）。換句話說，無法由 IT 處理解決的問題和要求，結果，最終還是必須要回到「人」來執行完成，到目前為止還是有許多 IT 沒有辦法處理的問題。所以，在這方面，我們只能說希望透過「數位勞動力」來解決問題。

✿ RPA 工具與數位勞動力之間的關係

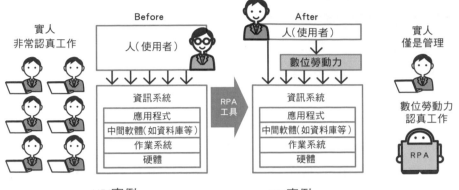

> 數位勞動力可以將人與資訊系統之間連結起來，代替人類執行作業
>
> 現有的業務系統也不必做任何的改變、可以取代大量的勞動生產力

實人
非常認真工作

Before

人（使用者）

資訊系統
| 應用程式 |
| 中間軟體（如資料庫等） |
| 作業系統 |
| 硬體 |

RPA 工具

After

人（使用者）

數位勞動力

資訊系統
| 應用程式 |
| 中間軟體（如資料庫等） |
| 作業系統 |
| 硬體 |

實人
僅是管理

數位勞動力
認真工作

RPA

KPI案例
- 處理時間：8小時
- 品質：發生錯誤
- 費用：10個人的人工成本
- 勞動力：8小時×每個星期 5天
- 管理：僱傭關係管理

KPI案例
- 處理時間：30分鐘
- 品質：沒有錯誤發生
- 費用：相當1個人的人工成本
- 勞動力：24小時×365天
- 管理：永遠的勞動力

✿ 數位勞動力何時可以發揮效果？

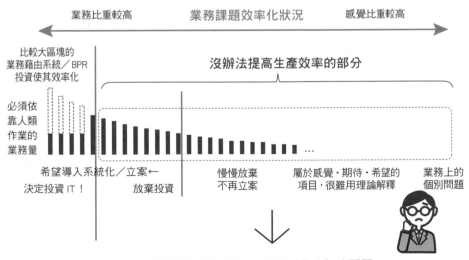

業務比重較高　　　業務課題效率化狀況　　　感覺比重較高

比較大區塊的
業務藉由系統／BPR
投資使其效率化

沒辦法提高生產效率的部分

必須依
靠人類
作業的
業務量

希望導入系統化／立案←
決定投資 IT！　放棄投資

慢慢放棄
不再立案

屬於感覺‧期待‧希望的
項目，很難用理論解釋

業務上的
個別問題

開始可以藉由 RPA ／數位勞動力解決問題

RPA 的發展模式

在這一個章節，我們將談談日本「DIGITAL LABOR STAGE」（RPA 協會理事 ABeam Consulting 開發）這個案例，日本「DIGITAL LABOR STAGE」蒐集一些最新 RPA 的發展和成熟的案例，也根據這些案例的成功個案加以分析。所以對於日本「DIGITAL LABOR STAGE」能夠運用 RPA 的本質，並活用在經營管理業有界很高的評價（「2017 年「日經優秀產品和服務業獎」的「日經產業新聞獎」最優秀獎得主）。

DIGITAL LABOR STAGE 1

對象是整個公司或是所有部門中「日常重複性的作業」，這些現在都可以委託速度最快的「數位勞動力」（系統上的機器人）代勞。所以作業的項目非常明確、也難以使用 IT、沒有一定需要人類執行的繁瑣作業等這些都是可以適用數位勞動力的工作項目。

即使在製造業中，只要是簡單純的作業都可以適用，其中一個比較大的特徵就是無關部門，可以處理許多辦公室部門之間的簡單工作。

DIGITAL LABOR STAGE 2

隨著「認知」（cognitive）技術的發展和普及，透過上述的 STAGE1 機器人可以增加功能執行更高等的工作項目。現在在這個領域應用最廣的就是，處理傳票和紙本文件檔案的機器人。隨著技術的發展，不僅可以處理固定傳票的 QCR、對於非典型的傳票、機會學習、檢查、手寫文字符號的識別以及其他只能由人類識別和判斷的流程也都可以由數位勞動力代勞。

有創新有想法才是寶

到底可以委託數位勞動力執行什麼樣的作業或是工作呢？可以參與這些企畫工作的也唯有是對公司或是作業非常熟練的人員，並且對該行業和作業抱有

「Issue」和「Wish」的人才，正是可以促使 RPA 可以成功運作最不可或缺的重要元素。以現今的狀況來看，以工廠現場的作業負責人員或是致力於目標開創成果的人材為中心，除了因想法需要的數位勞動力比較起來，創新的腳步更加快速。

⚙【圖表 142】運用 RPA 記錄出缺勤輸入和檢查

- 將記載在紙上的勤務表反映在出缺勤系統上
- 檢查計畫之外的加班及其他異常狀況

出缺勤檢查機器人
- 機器人登入出缺勤系統
- 定期檢查異常數值並根據規則向督導人員提出警示

異常檢測遺漏與未命中：**0%**

出缺勤系統

出缺勤表的輸入和提交

出缺勤資訊登錄機器人
- 讀取寫在紙上的勤務數據
- 輸入出缺勤系統

輸入的作業工時 **-50%**

其他應用案例
- 庫存管理和採購業務
- 生產計畫管理
- 生產計畫分析
- 機器設備的採購業務

⁶⁻13 RPA 的應用事例② STAGE 3

STAGE3 也會出現在工廠

最近，無論是在金融界或是製造業和工廠場區之間，隨著 RPA 的普及，甚至透過與 AI 的連結，這樣高度的運用愈來愈多。特別是在工廠，為了解決人手不足和熟練作業人員高齡化的問題，雖然 AI 的運用愈來愈廣泛，但是透過與 RPA 的連結，也開始運用在實務作業上。

需求預測機器人和故障檢測機器人

需求預測是生產和銷售計畫中的重要關鍵，這樣的預測會有來自各種核心系統的數據、加工和匯總等的前處理，以及連結需求預測結果的後處理，這些的處理工作如果單純希望運用應用程式的開發和人為的作業完成實在是很有限。但是，透過數位勞動力就可以很輕鬆地完成這些處理工作，不但可以降低整個過程的成本，還可以透過大量的數據分析來提高預測 AI 模擬的準確性，從而提高了預測準確度並可增加整體獲利能力。

另一方面，IoT 和 AI 目前最廣為運用的代表應該是故障檢測和預測領域了，但除此之外，為了促進與 IoT 設備和其他 IT 相關的協作，數位勞動力也可以取代人工作業，根據各種數據針對機器狀況的監控、預測、分析、判斷、執行等一系列的作業流程進行一連串自動化的作業。

AI 就是 RPA（即為數位勞動力〔digital labor〕）的活用

其實 RPA 的本質就是數位勞動力，也就是可以操作先進技術的人。現今各種的 AI，例如 Watson 和其他用於搜索功能的 AI，以及用於預測、檢測和提供方案系列的 AI，各種各樣超高智慧的 AI，主要能力都取決於數據的輸入輸出作業、結果以及如何分析龐大的數據數量。數位勞動力如果可以解決上述的這樣課題，也就能夠發揮最大的能力，並且實現整個流程均能達到自動化的可能。

✿【圖表 143】RPA x AI 解決方案體系（研議中）

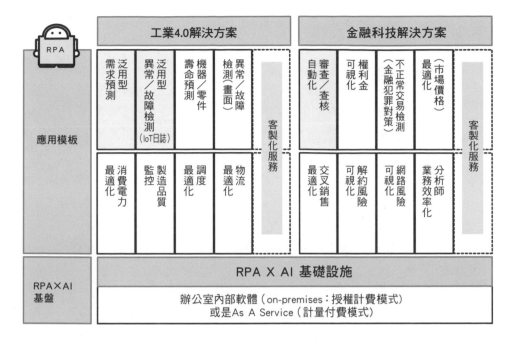

✿【圖表 144】RPA 與工業機械零件的故障檢測

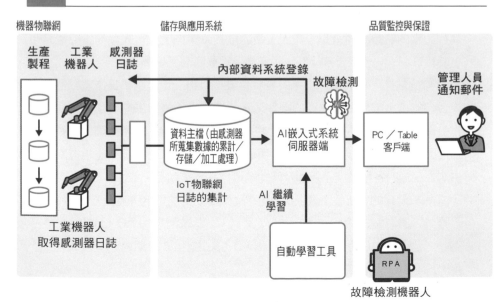

「智慧工廠」的未來樣貌？

文／松林光男

　　工廠的智慧化在未來的幾十年中，有關「協作機器人」、「金屬 3D 列印」、「IoT」、「AI」、「大數據處理」和「RPA」相關領域的技術再進化提升是可想而知的。

　　筆者想以一個大型電氣設備工廠為例，想像未來工廠發展的狀況。

　　有一個工廠，在二〇一八年大約有千名的工廠員工，到了二〇某某年，大約會只剩下二十分之一，約五十名員工，這些都是具有專業技術的「技術員工」（如：精密機具加工，外觀目視檢查人員等）。

　　之後，隨著這批專業技術人員的高齡化，IoT 和 AI 的使用也有了更進一步的發展，幾年後，就是一個無人工廠的誕生。由於 AI 和 IoT 的發展，機械設備的保養維護人員對於機械故障的預測準確度不僅大為提升，而且建立了一種 24 小時之前就能預知故障的預測機制。結果一個機動的機械維護中心就可以同時處理多個工廠的保養維護工作，並且不需要在每個工廠都設置維修人員。

　　傳統上在每個工廠都會具備的「生產管理」、「採購／庫存管理」、「倉儲管理」、「成本管理」和「人力資源管理」等，隨著 IT、IoT 和 RPA 的發展，都會進入無人化的模式。這樣的結果，工廠的員工就只需要工廠廠長和輔助功能的副廠長兩名員工就夠了。工廠廠長的角色就如同飛機的機長，利用各式的儀器進行工廠的監控，也就是「無人工廠的機長（操控士）」，人員配置如果是十二小時輪班制，一天二十四小時，也僅僅只需要四名工廠員工。

　　除此之外，由於每個工廠的發展有限，大約二十年前，日本就已經有了產業合作的概念，也就是主要的零件工廠、半成品工廠和生產製造工廠會基於合作的觀念集中設置在同一的園區，也就形成了一個產品的產業園區。在這個園區裡同時擁有生產技術研究實驗室和產品開發據點、至於工廠監視據點就可以由無人工廠的各種監控系統和及時遠端監控系統來執行。

　　對於未來的「智慧工廠」我們可想而知主要的關鍵 KPI 就是：「S（安全）：工廠的人身事故／傷亡：0」、「Q（品質）：零缺陷率」、「C（成本）：產品成本：＝三分之一（與十年前相比）」和「D（交貨期）：交期遵守率：100%」、「庫存周轉率：十年前的三倍」。

第 7 章

製造業生存法則的
全球策略

日本製造業的課題是產品代碼編號系統

一個品項一個品號成為了日本製造業的大課題

　　隨著製造業的全球化發展，「一個品項一個品號」（請參閱 2-5）的重要性也日益提高。然而，在日本製造業中，能做到一個品項一個品號的企業仍然非常的少數，在企業全球化的過程中也造成了一個很大的問題。其中的原因可歸納為以下四點。

沒有辦法一個品項一個品號的理由？

① **採用「有意義的零件編碼」**：有意義的零件品號通常具備各種屬性，其中屬性分為二：不變屬性和可變動屬性。不變屬性屬於零件的形狀、尺寸、材料等品號不會改變，但可變動屬性會根據零件產品供應商、開發、製造地點、組裝產品的不同而有所改變，因此很容易阻礙每個產品零件的品項編號。

② **編碼規則經常會因為編碼的地點不同而有所不同（每個工廠有不同的編碼規則）**：很多時候即使是同一個零件品項在不同的工廠廠區經常有不同的編碼，日本的製造業雖然說都有一套編碼的標準，但是卻很少會遵守規則，所以有時雖然是同一樣品項，但是因為屬性配置的不同，可能產生一個完全不相關的產品編碼。

③ **沒有建立一套適用的編號系統**：如果可以在新產品開發或是設計變更階段，需要有新品項編碼時，可以根據編碼規則產生編碼代號的系統、或是建立一個支援的搜尋系統可以從現有的品項中搜尋類似或是推薦品項，產生一個品項一個品號的規則，如此一來就比較有可能進行有效的編號。

④ **沒有推行零件標準化和共通化的機制**：製造業中所擁有的產品零件品項從數萬個到數百萬個的企業比比皆是，過去總是依照公司的方式或是方便性編碼管理。所以功能完全相同的零件物料但是編碼卻完全不同的狀況實在太多太多了。如果這些可以標準化和共通化加以整理，那麼品項的編碼數量一定可以大大減少。

　　在 7-2 中，我們將研究這些問題的可能因應措施。

❋【圖表 145】沒辦法使用一個品項一個品號的原因

① 採用了「有意義的編碼」

AAA 234 BBB 555 KKK

尺寸 材質 配套組裝 採購供應商
（不變屬性）（不變屬性）產品 （可變屬性）
（可變屬性）

可變動屬性是造成「一個品項
一個品號」沒辦法達成的原因

② 有時會因為編碼產生地點的不同採用的規則也不同

A 地點採用的編碼規則

AAA 234 BBB 555 KKK

尺寸 材質 配套組裝 採購供應商
產品

B 地點採用的編碼規則

234 AAA BBB 555 KKK

材質 尺寸 配套組裝 採購供應商
產品

尺寸和材質的配套
不同所產生的編碼
也可能不同

③ 沒有建立一套適用的編碼系統

編碼規則

類似零件主檔

推薦零件主檔

編碼管理系統
類似零件搜尋系統
推薦零件搜尋系統

→

由於適用的支援編碼系統的導
入，根據一個品項一個品號的
原則會讓編碼的管理更有效率

④ 沒有建立零件的標準化和共通化機制

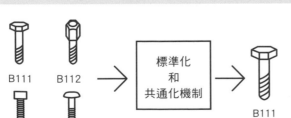

如果可以將同一個零件標
準化編碼，那麼品項代號
將會大大減少！

7-2 學習美國企業的先進案例採用全球物品代碼編號系統

一個品項一個品號的因應措施

有關於一個品項一個品號的因應措施，以下介紹美國的先進案例。

這是一家在美國、歐洲和日本都設有產品開發和生產據點的全球化企業。首先，在介紹該企業的全球商品代碼編號系統之前，可以參閱【圖表146】，筆者歸納整理了上個章節所敘述的四個無法採用「一個品項一個品號」的原因。

一個美國企業的先進案例研究

以下，我們將針對【圖表147】所示編號中心的機制加以說明。

（1）在每個據點，當有新的品項產生必須申請品項編碼時，應該檢附該品項的規格（尺寸規格、圖樣等），並向全球編號中心提出編號的請求。

（2）收到編號請求的全球編號中心，必須確認該申請的品項是否有同樣規格的品項已經在全球品項主檔中註冊。如果註冊具有相同規格的品項，則必須將該品項的品項代碼及品項規格回覆給申請單位。

（3）如果該品項尚未註冊，則應確認檢查是否存在具有相同功能的類似品項或推薦品項，倘若有類似或推薦的品項，必須將該類似或推薦品項的品項代碼及規格回覆給申請單位。

（4）如果確認沒有類似或推薦的品項，就可執行首次申請品項編碼，編碼註冊後必須將該品項的編碼和規格（尺寸規格、設計圖面等），通知全球而非僅是申請單位，告知在全球的品項主檔又註冊了新的品項。

從上面的案例可以看出，「採用無意義的品項編碼」和「建立全球編號中心」是成功的要素。

日本製造業的課題	美國製造業的先進案例
① 採用「有意義的品號」	採用「無意義的品號」編碼，用以消除屬性的相關問題
② 編碼規則經常會因為編碼的地點不同而異（每個工廠有不同的編碼規則）	在全球建立一個全球編碼中心。執行全球統一的編碼系統，並且全球企業都適用
③ 沒有建立一套適用的編號系統	使用全球編碼中心的編號系統，進行全球品項編碼統一管理
④ 沒有推行零件標準化和共通化的機制	推展全球適用的標準化和共通化專案，讓產品零件品項代碼減少了50%

✿【圖表 147】美國先進企業的全球編碼系統

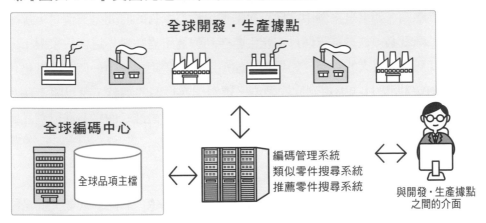

全球編碼中心與各個據點的執行方法

（1）附上品項規格，並向全球編號中心提出編號請求（各據點）

（2）確認請求編碼的品項，是否在全球的品項主檔已有相同規格品項，如果該品項已有品項編號，則就通報該品項的相關訊息（全球編號中心）

（3）如果尚未註冊品號，就應該確認檢查是否有類似品或是推薦品（具有相同功能的產品）。

（4）當沒有類似或是推薦產品時，就可以進行新品項的編碼並向全球各據點而非只向申請單位發出通知。

集中式的 MRP 系統可以迅速反應市場需求

　　供應鏈重要的功能之一就是能夠將市場的需求趨勢迅速而且正確地轉達給上游的供應廠商。市場的需求動向藉由下單採購的形態由製造工廠到零件工廠、材料工廠、物料工廠層層相扣。所以這樣所形成往上游廠商層層相扣的採購資訊系統就是所謂的 MRP 系統。

　　如【圖表 148】所示，產品製造工廠所需的生產產品的物料數量，可以在案例中的每個月 MRP 系統循環看出，大概需要多久的時間才能反映給最上游的原料供應商。如果是案例中這樣月次循環，物料進貨的時間是三個月，那麼原物料工廠就必須往後推三個月才能生產產品製造所需數量，這樣一來跟市場的動向就形成了很大的差距。如果想要縮短這樣的差距，其中一個方法就是可以將 MRP 週期從月次縮短到周次循環。透過周次循環的調整，可以將三個月縮短為三個星期。那麼原材料廠還是依照原有方式往後推三個星期進行產品製造所需數量的生產。

集中式的 MRP 系統是供應鏈改革的王牌

　　此外，還有一個縮短時間的方法就是「集中式 MRP 系統」概念，就是將產品製造工廠、零件工廠、物料工廠和原物料工廠等個別的 MRP 合併在一個位置（【圖表 149】）進行調配。如果可以同時共同將 MRP 系統進行調度，那麼這四家工廠之間的時間差就是零了。

　　集中式 MRP 系統的主要輸入的是產品製造工廠的生產計畫（產品的需求量）。物料清單（BOM）則是由每家工廠提供所需的物料數量整理成單個的物料清單。同樣地，也可以將四家工廠的物料主檔匯總到一個主檔中。創造一個好像由四家工廠組成一家工廠的環境，一旦開啟了 MRP 系統，就可以將產品製造工廠的生產計畫同時也傳達給其餘三家工廠。

　　雖然集中式 MRP 系統不僅可以快速反映市場需求，並減少供應鏈中過多的庫存和缺貨的困擾，對供應鏈的優化管理和改革都有重大的影響，但是仍有問題需要解決。在 7-4，我們會介紹包括這些問題的美國跨國公司的案例。

❋【圖表 148】MRP 應該儘早將月次循環變更為週次循環

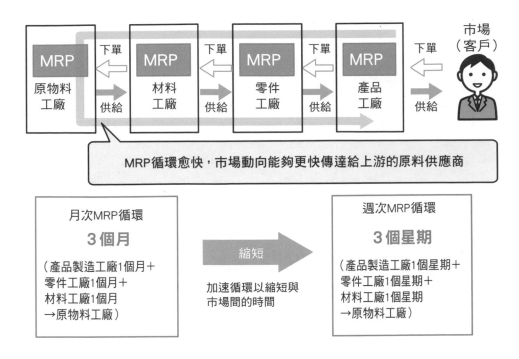

MRP循環愈快，市場動向能夠更快傳達給上游的原料供應商

月次MRP循環
3 個月
（產品製造工廠1個月＋
零件工廠1個月＋
材料工廠1個月
→原物料工廠）

縮短

加速循環以縮短與
市場間的時間

週次MRP循環
3 個星期
（產品製造工廠1個星期＋
零件工廠1個星期＋
材料工廠1個星期
→原物料工廠）

❋【圖表 149】集中式 MRP 的系統結構

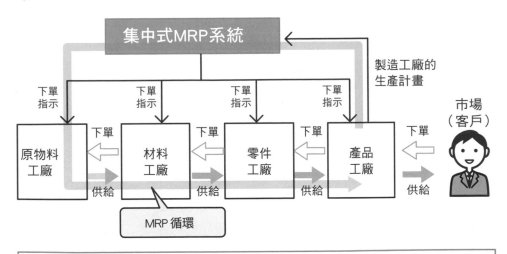

以集中式MRP系統同時調度，四家工廠的時間差為零。

7-4 學習先進的美國製造業案例中的全球 MRP 系統

全球企業的集中式 MRP 系統

接下來我們看美國一家跨國電腦製造商的集中式 MRP 系統的具體案例。

這是一家總部在美國的企業,該公司在全世界有十個最終組裝工廠、十個中間組裝工廠、五個電子零件工廠和五個半導體和面板工廠。該公司從半導體到大型電腦的所有產品都是以自家公司一貫生產聞名,並且領先世界最先導入 MRP 系統。

該公司導入的 MRP 系統,是由最終的組裝工廠開始,逐步慢慢導入到半導體和面板工廠(【圖表 150】左側的「系統導入前」)。當時的 MRP 週期採用月次循環,最終組裝廠的產品物料需求量會在三個月內傳達給半導體和面板工廠。因為從最終組裝工廠到最上游工廠中間的時間差,產生與最新的產品需求量(客戶訂單)的差距,結果,庫存過剩和產品短缺等問題就產生了。

因為如此,該企業就發起了「盡快將客戶訂單訊息發送至最上游的半導體和面板工廠」、「以最終組裝工廠的生產計畫作為全工廠的 MRP 系統運轉」、「根本解決經常造成庫存過剩及商品短缺的問題」為目標,進行全球 MRP 系統專案改革項目(進行全球 30 個工廠的集中式 MRP 系統運轉)。(【圖表 150】右側的「系統導入後」)。該概念與 7-3 的集中式 MRP 系統相同。

全球 MRP 中心和每個工廠的運作概況,正如【圖表 150】中間「全球 MRP 系統運作機制」的流程表示。

導入全球 MRP 系統時應的課題和注意事項

日本企業如果想要導入運作全球 MRP 系統時應注意以下幾點課題。首先,基於全球的考量,必須建立的一個品項一個品號的原則。 接下來,在全球 MRP 系統運作的階段,必須考量各國之間的時差並編織日程時間表,以及考慮每個工廠間可以及時開會通訊的時間,還有,英語的溝通也很重要。

✱【圖表 150】美國製造企業的全球 MRP 系統

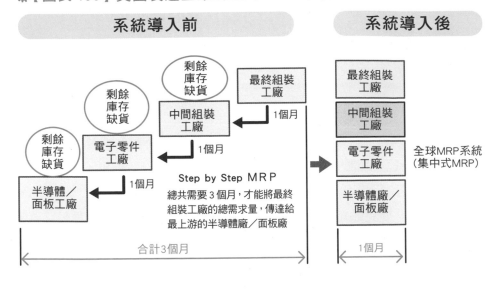

全球 MRP 系統運作機制

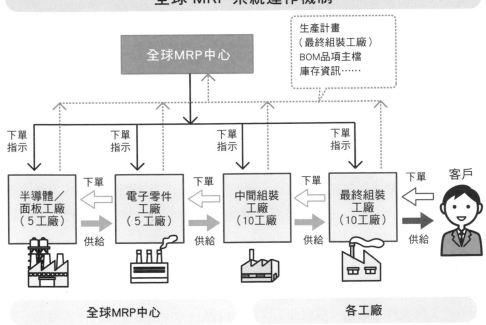

全球MRP中心	各工廠
① 建立全球的MRP實施日程並分發通知各工廠	② 將生產計畫、BOM、物料主檔和庫存資料等輸入全球MRP中心
③ 實施全球MRP並且輸出資訊（採購指示）發送到各工廠	④ 確認採購指示的內容，必要時可修改，確定後正式發送訂單

跨國企業的技術新知需要設計部門和工廠之間的密切合作

設計部門與工廠三個技術資訊的結合

設計部門進行設計變更時，根據內容有時也會同時對生產製程的作業順序、治工具、機器設備的控制訊息、測試方法等也可能進行變更。這時一定需要總工廠的製程師確認後，發送以下三個技術訊息。

第一個是「變更通知書」（PCN，Process Change Notice），是一種最終確定的設計變更通知，因此必須在設定的時間內採取必要的措施。

第二個是「實驗通知書」（PEN，Process Experiment Notice），是一種請求通知，在實際的生產線上驗證設計變更的可行性。如果量產的工廠有空閒的產能及技術，就可以進行產線上的設計變更測試，如此可以讓設計變更通知書的進行更順利。

第三個是「製程變更請求書」（RPA，Request for Process change Action），與上述二種恰恰相反，這個請求書是由製造部門提出，向設計部門要求變更的內容。向總工廠的技術人員提出後，經過驗證，再形成設計變更的「變更通知書」重新送製造部門。

透過工作流程的資訊共有

所謂技術變更訊息的傳達方式，當然可以透過技術設計的當事人直接到各個工廠進行說明解說，不過，如果有好幾個工廠，要一個一個進行面對面說明，恐怕現實的時間上可能不允許。

儘管現在科技可以利用電子郵件、網路、視訊溝通等方法，減少了出差的必要性，但是「工作流程系統」也經常被視為是一種安全可靠的訊息傳達方式。所為的工作流程系統是一種根據工作流程自動執行申請／核准程序的機制，主要的優點是可以在取得必要部門和製程師的核准的同時，也可以共享這些情報訊息。此外，還可以連結文書檔案設計成圖案或圖像和影音檔之類的多媒體訊息，因為只需點選圖案，所以可以避免因為語言不同而造成誤解。

生產設備的採購調度課題

有關生產設備的調度，如果在日本採購生產設備並且運送到海外的其他據點，雖然比較容易保持品質的一致性，也能維持維修技術的標準化，但是如果發生故障的緊急狀態下，在當地就可能很難找到適合的維修零件，如果送回日本，運送費用和時間也會相當可觀。針對這點，如果可以在生產據點附近找到既便宜又適用的產品，不但可以很容易從當地的製造商那裡取得維修護零件，在操作過程也同時可以使用當地的語言進行教育和指導。

但是，如此一來，就不大需要日本的支援，在公司的治理上會比較困難，因此在海外的據點如果開始獨自運作，很有可能產品的品質和功能保證體係會受到損害。所以也可以透過網際網路將設備訊息傳送到雲端，也進行機器設備的故障解析和預防維護。

❀【圖表 151】變更指示書（PCN，Process Change Notice）的發行程序

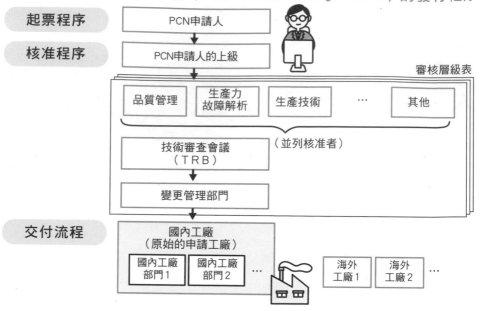

起票程序 ── PCN申請人

核准程序 ── PCN申請人的上級

審核層級表

| 品質管理 | 生產力故障解析 | 生產技術 | … | 其他 |

技術審查會議（ＴＲＢ）　（並列核准者）

變更管理部門

交付流程 ── 國內工廠（原始的申請工廠）

| 國內工廠部門1 | 國內工廠部門2 | … |

| 海外工廠1 | 海外工廠2 | … |

❀【圖表 152】試作工廠與量產工廠之間的規格統一介面

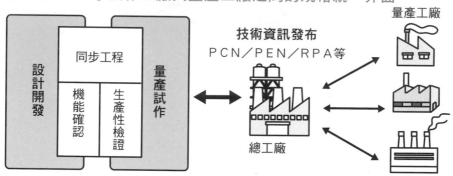

| 設計開發 | 同步工程 | 量產試作 |
| | 機能確認 | 生產性檢證 |

技術資訊發布
ＰＣＮ／ＰＥＮ／ＲＰＡ等

量產工廠

總工廠

7-6 跨國企業的工廠運作與生產設備進度的監控

設備的監控與控管

在 IoT 環境中，很多設備都安裝感測器，可以隨時監看機器設備的稼動狀況。執行預防性維護時，也是蒐集設備的即時訊息並且存儲到雲端的數據資料庫。AI 再根據將這些數據加以分析，必要的時候就可以達到設備的控管。但是，如果考慮到網際網路有時可能斷訊或被駭客入侵等的風險，可以將實際的數據儲存在雲端，但是設備的控制系統在工廠內執行可能會比較安全。

產品進度的監控

在考慮海外工廠的 MES 時（請參閱 3-16），可能有必要在總公司工廠進行進度管理的監控。在當地本來就可以進行樓層伺服器蒐集及時的訊息，但是比起時時刻刻關心變化的訊息，透過定期的訊息比對觀察可能還比較容易發現異常狀況，所以對總公司而言，大概一個小時進行一次的訊息更新就非常足夠了。透過了解整個生產製程中可以生產什麼樣多少數量的產品，對於緊急的出貨要求，就可以立即回應準確的交貨日期。

此外，對於倉庫裡不合格產品數量異常增加時，也可以透過缺陷診斷代碼來蒐集訊息，在當地人員無法決定時，立即請求總公司工廠的支援。這個時候很可能需要傳送諸如測試結果的數據和圖像之類的大容量訊息，因此必須準備足夠的網路頻寬。

網際網路的二重化

網絡環境對於全球化的擴展是不可或缺的。頻寬的使用通常會配合高峰的使用量設定調整為正常的線路容量，但是如果不是經常需要發送和接收大量數據，也可能造成浪費。海外網絡狀況不如日本穩定，甚至比城市地區更不穩定的是在有許多郊區的工廠現場。因此，與其設置大容量的網路頻寬，不如設定二條網路線路。這時，為了確保二條網路線路皆能暢通，一條可以使用光纖的地上線路，另一條則可以使用衛星通信方式，如果使用衛星通訊，可能在傳輸

上會有一點點的延遲，但是若以安全為重，應該優先考量。

　　雙線的設置並不是單方發生故障時才使用另一方，而是同時使用二條線設置一個寬裕的通訊環境。如果萬一線路發生故障，也還可以忍受時間上的一點點延遲。另外設置二條線路還有一個原因，就是如果需要傳送大量的技術訊息時，可以設定變更網路路徑，以便可以優先傳送這些技術訊息，而不會與其他操作衝突。

✿【圖表 153】全球的 MES 系統的概念圖

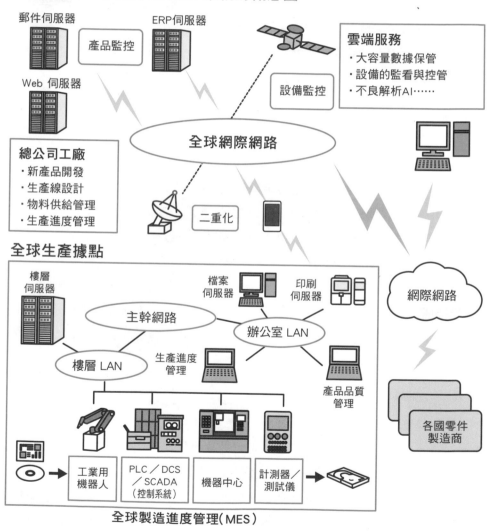

7-7 跨國企業庫存的可視化與各地庫存調度評估的改善

全球銷售系統與國內銷售系統的產品流程

　　隨著生產和銷售的全球化，庫存管理也進入了全球化時代。國內工廠生產的產品按順序移至工廠倉庫、配送中心、零售店倉庫／配送中心，並送到客戶手中。另一方面，用於全球的產品銷售流程按順序先是移至工廠倉庫、出口中心、海外物流中心、海外零售店倉庫／配送中心，再送到客戶手中（【圖表155】）。

日本總公司的煩惱

　　日本總部的經營者和庫存管理責任者經常會有以下的煩惱。

- 世界各地的庫存分布不均。例如，美國庫存不足，而歐洲則庫存過剩。
- 為了因應客戶的緊急訂單，必要的時候必須增加航空郵件和卡車的使用次數，因此物流成本也隨之增加了。
- 庫存控制不佳和庫存周轉率的下降，致使現金流量惡化。

　　這些原因，經常是因為日本總公司無法及時準確地掌握海外公司的庫存，所以也很容易讓全球庫存陷入難以管理的狀態。

全球庫存的可視化

　　上述所提及的煩惱，都可以透過全球庫存的「可視化」來解決這些問題。所謂的「可視化」是指有關日本國內、海外所有據點、船舶上、卡車和飛機等運輸中庫存在日本總公司、日本國內外的銷售據點就能正確的掌握。這樣一來，就可以策畫讓擁有多餘庫存據點的庫存轉往他處，減少庫存的不均，也可以消除不必要的生產，從而大幅改善庫存的浪費。

　　全球庫存的「可視化」也可以根據每個據點和地區運作的「WMS 倉庫管理系統」（WMS，Warehouse Management System）和「TMS 運輸管理系統」（TMS，Transportation Management System）結合網際網路和「GPS 全球定位系統」使用。

✿【圖表 155】全球庫存的「可視化」

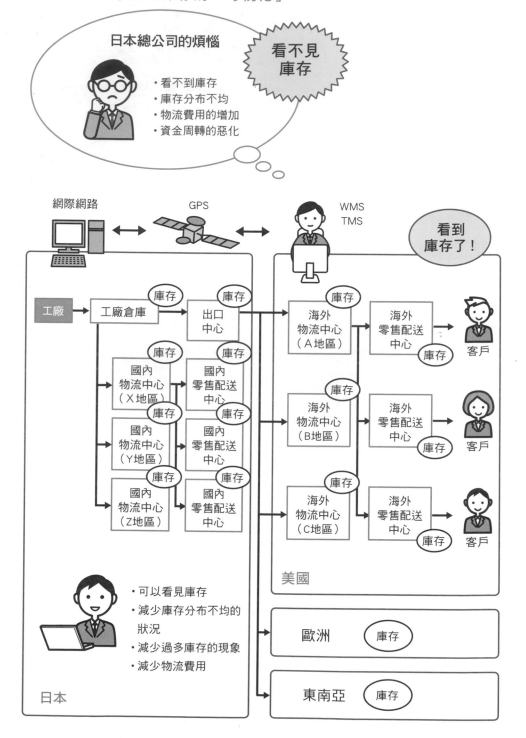

7-8 | 跨國企業的會計連結、財務和成本的一元化管理

跨國企業的會計連結、財務管理的功能

所謂跨國企業的會計連結就是跨國企業的所有會計訊息的統合。使用符合國際會計標準的專門資訊系統，依據統一的標準揭露連結財務報表。以總公司的統合系統為主，逐步推進標準化。

在資金管理方面，必須逐步建立避免匯率風險的一元化管理機制。在稅務方面，可能申請優惠關稅時，也可以根據當地國家的狀況適當利用合併成本會計的概念，計算當地的銷售價格，像這樣的需求也日益增加。

全球成本控制的課題

隨著全球化生產製造的展開，一個產品的生產可能會由許多的工廠和流程共同分擔製造，從原材料的採購、零件的生產、中間產品的製造和最終產品製造的製造過程都是分散的。此外，除了運輸費用、關稅和內部預估與盈餘之外，還有各個國家不同企業營業所得稅的徵收，想要簡單按產品計算成本並不容易。以下是全球合併成本計算時可能遇到的許多實際問題：

①各個企業的當地品項代碼如何轉換為集團統一代碼；

②品項適用的海關編號；

③根據關稅協定，原產地證明的資料整理；

④如何發行承包企業的生產指示訂單和送貨單上的單據編號；

⑤如何將承包企業的當地費用轉換為公司的統一費用；

⑥如何加註承包企業的外包材料費用和加工費用明細；

⑦承包企業對於各項產品的物流費用、內部盈餘、營業所得稅的分配；

⑧確定當事者的所在國家／地區的銷售移轉價格稅制，以便制訂適當的銷售價格。

為了解決這些各式各樣問題的系統整合是既昂貴又耗時。近年來，各個據點之間也會使用簡便的 RPA 作訊息的連結方式也受到了注目。

✿【圖表 156】全球連結成本管理的計算範例

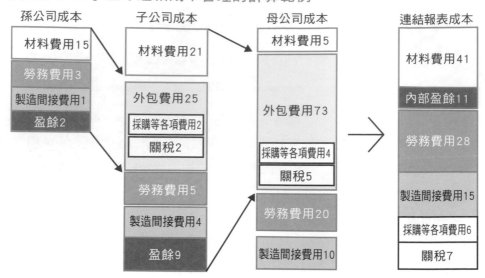

(出處)青柳六郎太・上岡惠子著《生產管理的現金流量》(暫譯，原書名『キャッシュフロー生產管理』，同友館

✿ 轉讓價格的計算範例（按利潤分配法分攤）

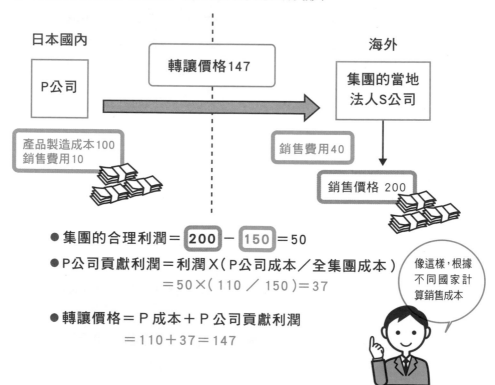

本書各章作者簡介

松林光男（まつばやし・みつお／ MATSUBAYASHI Mitsuo）

日本瓦克企業顧問股分有限公司（Waku Consulting）總經理兼執行顧問、技術製程師（管理製程）。早稻田大學理工學部畢業，曾於 IBM 日本，從事生產管理系統、技術管理系統的構建、生產管理業務、CIM 企畫、營業銷售支援與諮詢。

曾任 SAP 日本生產管理諮詢總監和工業解決方案總監。曾參與 Japan Business Create 的策畫，ERP 和 SCM 諮詢業務，並任常務董事一職。 2003 年 1 月，成立日本瓦克企業顧問股分有限公司，從事 ERP / SCM 相關諮詢業務。曾任東邦學園大學經營學部教授。

著作包括《CIM 策略 IBM 藤澤工廠的挑戰》（合著，工業調查會）、《CIM 構築指南》（合著，工業調查會）、《次世代生產管理系統的構建與運用》（合著，Urban produce）、《ERP 入門》（合著，工業調查會）、《ERP / 供應鏈的成功法則》（合著、工業調查會），《ERP 導入管理》（合著，IPA / Ines），《SCP 入門》（合著，工業調查會）等。

專業領域：SCM、業務改革、資訊系統的構築、ERP / SCP、工廠管理、生產管理。

Email：matsubayashi@waku-con.com

川上正伸（かわかみ・まさのぶ／ KAWAKAMI Masanobu）

日本瓦克企業顧問股分有限公司執行顧問。畢業於鹿兒島大學工學部電機製系。曾於 IBM 日本藤澤工廠擔任生產管理和生產技術（生產計畫、零件計畫、庫存管理、供需管理、生產管理系統開發等）。曾於日本 IBM 諮詢事業部，以 IBM 認證的高級顧問的身分支援製造業客戶進行業務改革。任職 IBM 業務諮詢服務部門，協助企業內部業務流程的設置、業務策略制定、銷售營運及人才養成、人力資源開發等業務。2006 年參與日本瓦克企業顧問股分有限公司（Waku Consulting）的設立，擔任常務執行董事和執行董事副總經理至今。

專業領域：業務流程創新（SCM 的構築、減少供應鏈的前置等待期間，減少生產／流通庫存）、提高生產力（生產管理業務改革、生產管理系統重建、製造現場改善活動、縮短生產前置期、減少庫存、提高交期遵守率）

Email：kawakamim@waku-con.com

本書執筆章節：第 1 章、第 2 章、第 3 章、第 4 章、第 5 章、第 6 章、第 7 章

新堀克美（にいほり・かつみ／ NIIHORI Katsumi）

日本瓦克企業顧問股分有限公司執行顧問，i-SA & C 代表董事。東京都市大學理學部數學系畢業後，進入 IBM 日本，曾於工廠情報系統部門從事應用業務開發和檢修維護工作、曾負責網際網路／伺服器運用管理以及資訊系統企畫等工作。此外還曾受聘於外部企業的業務部門擔任 SI 的 PM。之後擔任 HDD 開發和製造部門的 CIO 領導 AP-North。2002 年～至今，於東京電機大學理工學部負責情報系統設計及數據通信網絡等課程。

專業領域：應用領域（生產管理：ERP、SCP 導入企畫、導入支援；製程管理：製程進度管理、各種生產機器設備介面及數據蒐集；技術訊息管理：PLM 領域、設計物料清單管理（PDM）、流程變更管理；CATIA 系統簡介）；◎運用管理領域（ITIL：SLA、安全系統相關、問題管理、變更管理）；**諮詢領域**（全球作業支援活動、代碼系統標準化作業支援：品項主檔、物料青單、規格書代碼、多種支援作業）

Email：niihori@waku-con.com

本書執筆章節：第 1 章、第 2 章、第 3 章、第 4 章、第 5 章、第 7 章

竹內芳久（たけうち・よしひさ／ TAKEUCHI Yoshihisa）

日本瓦克企業顧問股分有限公司執行顧問。早稻田大學理工學部工業管理系畢業。歷經日產汽車生產管理、生產技術和製造部門（IE、生產／製程管理系統開發、日產生產系統推展等）。曾任美國 HONEYWELL 日本工廠負責人，期間致力於 Honeywell Operating System 的構築與全球業務的改革。並且透過日本工業解決方案（Japan Industrial Solution）支援製造業提升生產力。於 2018 年成為日本瓦克企業顧問股分有限公司（Waku Consulting）合夥人。曾任駿河台大學及東京情報大學兼任講師（生產管理理論）。

著作包括：《日產岩崎工廠的挑戰》（日本能率協會）、《製造銷售統合資訊系統》（日科技連等合著）。

專業領域：◎製造管理改善（政策管理、PDCA、組織改革、生產系統等），◎生產現場改善（提升高生產力、減少庫存、降低成本、改善物流等），◎業務流程創新（SCM 系統構建、流程管理系統、採購系統等）

Email：takeuchi-yoshihisa@waku-con.com

本書執筆章節：第 1 章、第 3 章、第 4 章、第 5

章、第 7 章

青柳六郎太（あおやぎ・ろくろうた／
AOYAGI Rokurota）
日本瓦克企業顧問股分有限公司執行顧問。早稻
田大學第一政治經濟學系畢業。 曾任職於日本
NEC 資訊處理事業部門和諮詢部門，負責通路服
務、製造業的經營管理、成本管理諮詢以及 NEC
認證的高級業務顧問，負責客戶業務改革支援計
畫。2004 年至今，任日本專修大學研究所客座教
授、ERP 研究促進論壇專職講師、稅務會計師、
中小型企業診斷師、國際會計財團法人副主席及
ICT 管理合夥人協會監事。
專業領域：集團的業務管理、管理會計、成本管
理、供應鏈管理建構、客戶管理等。
著作：《現金流量與生產管理》（同友館等合著）、
《全能連現金流量經營管理論文》（獲 2016 年日本
經濟產業大臣獎）
Email：r-aoyagi@kmd.biglobe.ne.jp
本書執筆章節：第 1 章、第 4 章、第 7 章

門間隆之（もんま・たかゆき／MONMA
Takayuki）
曾任日立製造所（Hitachi）服務與平台業務部控
制平台統括本部（Service & Platform Business Unit,
Control Platform Division） 訊息制御第三本部 IoT
系統設計部門總長。技術製程師（管理工學）。
1993 年經營工學系畢業後進入日立製造所製造部
門，自此歷經 23 年的製造部門工作，從產線組長
到部門經理，工作項目也歷經製造工廠現場管理
作業、控制板設備及系統的開發與導入等生產製
造相關工作。主要業務內容包括 Omika Works 製
造所的 IoT 相關系統整合、中國生產據點等的生
產管理、控制設備的開發 / 評估 / 導入、控制設備
品質的提升、生產力管理、業務改革諮詢等。
專業領域：經營工學、業務改革、生產管理、品
質管理、IoT
本書執筆章節：第 5 章

大塚剛士（おおつか・たけし／OTSUKA
Takeshi）
曾任日立製造所服務與平台業務部控制平台統括
本部經營策略本部業務發展中心主任。 加入日立
製造所後，曾負責產品的銷售拓展和報價業務。
之後轉任新業務開發支援部門，參與了 Omika 事
業所的生產改革系統專案的企畫與專案商業化和
銷售拓展業務。

專業領域：產品企畫
本書執筆章節：第 5 章

伊東大輔（いとう・だいすけ／ ITO Daisuke）
畢業於東京大學法學院資訊情報通信專攻。因為
受到石黑教授的影響薰陶，所以立志於解決社會
問題。創設的第二家公司 ad-dice Co., Ltd. 就是致
力於少子化與高齡化等社會問題的業務開發與服
務。曾經透過「直覺和經驗」運用 AI，興起了各
式各樣的改革創新服務，並且將各種專家的專業
知識利用數據的蒐集方式開發了許多 AI 的特許技
術。 有鑑於工廠無法使用的物品必定沒有辦法進
步的想法，將偵測故障預測的 See Gauge（儀表）
運用了外觀檢查用的 HORUS AI、震動感測器等
再根據各種用途配合 SoLoMoN 系列做成套裝設
備使用。不但將這些最新科技引進工廠、醫療保
健和農業等各領域，引起各界矚目。引進期間還
不斷在全國各地進行相關的演講與推廣。
Email：daisuke@ad-dice.com
本書執筆章節：第 6 章

大角暢之（おおすみ・のぶゆき／ OSUMI
Nobuyuki）
日本 RPA Technologies, Inc. 總經理。日本 RPA 協
會代理事。 早稻田大學畢業後，進入安盛諮詢
公司（Andersen Consulting）（現為埃森哲公司，
Accenture PLC）。 2000 年成立 Open Associates 並
擔任董事一職，公司成立當時立即設立了
BizRobo 部門，並且開始「BizRobo」的相關服務。
2013 年 又 創 設 了 BizRobo Japan（現 為 RPA
Technologies），並擔任總經理一職。2016 年 7 月，
日本 RPA 協會成立，任代表理事。
著作：《RPA 革命的衝擊》（東洋經濟新聞社）。
曾經參與論壇節目包括：「The Top Leaders，最高
領導者（第一集）」（BS-TBS，2016 年 3 月播出）、
「Firmly Monday !!」（TBS，2017 年 3 月播出）。
本書執筆章節：第 6 章

主要參考文獻

▶ 辭典・事典

日本經營工學會《生產管理用語辭典》(暫譯,原書名『生産管理用語辞典』2002 年・日本規格協會)

二神恭一《商業・經營學辭典》(暫譯,原書名『ビジネス・経営学辞典』1997 年・中央経済社)

日通總合研究所《新版 物流用語辭典》(暫譯,原書名『新版 物流用語辞典』1992 年・日経文庫)

湯淺和夫《物流管理手冊》(暫譯,原書名『物流管理ハンドブック』2003 年・PHP 研究所)

▶ 生產相關

松林光男、渡部弘《圖解工廠構造與管理》(原書名『イラスト図解 工場のしくみ』2004 年・日本實業出版社;按:繁體中文版由世茂出版。)

田中一成《以日本式生產管理前進!》(暫譯,原書名『生産管理は日本流でいけ!』2002 年・日本實業出版社)

藤本隆宏《生產管理入門一:生產系統篇》(暫譯,原書名『生産マネジメント入門〈1〉生産システム編』2001 年・日本經濟新聞社)

藤本隆宏《生產管理入門二:生產資源・技術管理編篇》(暫譯,原書名『生産マネジメント入門〈2〉生産資源・技術管理編』2001 年・日本經濟新聞社)

藤本隆宏《「實踐日本加工產業」的相關論述》(暫譯,原書名『「日本型プロセス産業」の可能性に関する試論』東京大學 21 世紀 COE ものづくり経営研究センター・MMRC Discussion Paper No.1)

青山肇《生產管理系統的推展》(暫譯,原書名『生産管理システムの進め方』2000 年・日本實業出版社)

今岡善次郎《圖解「獲利速度」的生產製造》(暫譯,原書名『図説「利益速度」でモノをつくれ!』2002 年・日本プラントメンテナンス協會)

青柳六郎太、上岡惠子《現金流量與生產管理》(暫譯,原書名『キャッシュフロー生産管理』2007 年・同友館)

▶ 供應鏈管理相關

藤本隆宏《從生產現場看企業策略理論》(暫譯,原書名『現場から見上げる企業戦略論』2017 年・KADOKAWA)

Canon IT Solutions 數理技術部(キヤノンシステムソリューションズ数理技術部)《需求預測入門》(暫譯,原書名『需要予測入門』2007 年・東洋經済新報社)

Waku Consulting(ワクコンサルティング)《製造業業務流程研習手冊》(暫譯,原書名『製造業業務プロセス研修テキスト』2018 年・ワクコンサルティング)

高德拉特(Eliyahu Moshe Goldratt)《目標》(The Goal,『ザ・ゴール』2001 年・ダイヤモンド社;按:繁體中文版由天下文化出版)

▶ 資訊系統相關

日本工業會 ERP 研究所《ERP 入門》(原書名『ERP 入門』1997 年・工業調査會;按:繁體中文版由健峰圖書出版)

日本工業會 ERP 研究所《ERP 供應鏈管理的成功法則》(原書名『ERP・サプライチェーン成功の法則』1998 年・工業調査会;按:繁體中文版由健峰圖書出版)

▶ IoT・AI

伊東大輔《AI／IoT 的商業運用》(暫譯,原書名「AI／IoT のビジネス活用」2017、2018 年・「カレントひろしま」ひろぎん経済研究所への寄稿)

機械學習研究會著・ALBERT 數據分析部・安達章浩、青木健兒・監修《60 分搞懂!AI 的機器學習和深度學習》(暫譯,原書名『60 分でわかる!機械学習&ディープラーニング超入門』2017 年・技術評論社)

大野治《IoT 潮流改變了日本製造業與商業模式》(暫譯,原書名『IoT で激変する日本型製造業ビジネスモデル』2016 年・日刊工業新聞社)

小高知宏《機械學習的第一堂課》(暫譯,原書名『はじめての機械学習』2011 年・オーム社)

工場管理 2017 年 4 月臨時增刊号《簡明 IoT 的生產製造》(暫譯,原書名『よくわかる生産現場の IoT』2017 年・日刊工業新聞社)

大角暢之著／佐々木俊尚・監修《RPA 革命的衝擊》(暫譯,原書名『RPA 革命の衝撃』2016 年・東洋経済新報社)

譯名對照（按：以首次出現本書的先後順序排列）

原文	中譯
Smart Factory	智慧工廠
IT	資訊科技（Information Technology）
IoT	物聯網（Internet of Things）
AI	人工智慧（Artificial Intelligence）
RPA	機器人流程自動化（Robotic Process Automation）
SCM	供應鏈管理（Supply Chain Management）
ERP	企業資源計畫（Enterprise Resource Planning）
CIM	電腦整合製造（Computer-Integrated Manufacturing）
RPA	機器人流程自動化（Robotic Process Automation）
FA	工廠自動化（Factory Automation）
BOM	物料清單（Bill of Material）
MRP	物料需求計畫（Material Requirement Planning）
QCD	品質、成本和交期（Quality, Cost, and Delivery）
PDCA	規畫、執行、查核和行動（Plan-Do-Check-Act）
PLM	產品生命周期管理（Product Lifecycle Management）
PDM	產品數據管理（Product Data Management）
CAD	電腦輔助設計（Computer Aided Design）
CAM	電腦輔助製造（Computer-Aided Manufacturing）
CAE	電腦輔助製程分析技術（Computer Aided Engineering）
RP	快速成型（Rapid Prototyping）
CAT	電腦輔助測試（Computer Aided Test）
VMI	供應商管理庫存（Vendor Managed Inventor）
SRM	供應商關係管理（Supplier Relationship Management）
MES	製造執行系統（Manufacturing Execution System）
3R	3R 減少使用（Reduce）、物盡其用（Reuse）、循環再造（Recycle）
RoHS	歐盟環保指令（Restriction of Hazardous Substances）
WEEE	環保電子產品指令（Waste Electrical and Electronic Equipment）
REACH	歐洲化學品政策（Registration Evaluation Authorization and Restriction of Chemicals）
HACCP	危害分析重要管制點（Hazard Analysis and Critical Control Point）
BCP	企業持續營運計畫（Business Continuity Plan）
IIC	工業互聯網聯盟（Industrial Internet Consortium）
IVI	工業價值鏈計畫（Industrial Value Chain Initiative）
RPA	製程變更請求書（Request for Process change Action）
KPI	關鍵績效指標（Key Performance Indicators）
ROA	資產報酬率（Return on Assets）
RFID	無線射頻辨識（Radio Frequency Identification）
QR Code	快速回應碼（Quick Response Code）

TPS	豐田生產方式（Toyota Production System）
SE	系統製程師（System Engineer）
IPA	日本資訊處理推展機構（Information-technology Promotion Agency, Japan）
E-BOM	製程材料清單（Engineering Bill of Material）
M-BOM	製造材料清單（Manufacturing Bill of Material）
APS	先進生產計畫與排程（Advanced Planning and Scheduling）
TMS	運輸管理系統（Transport Management System）
WMS	倉庫管理系統（Warehouse Management System）
PLM	產品生命週期管理（Product Lifecycle Management）
CRM	客戶關係管理（Customer Relationship Management）
TTP	產品獲利的前置時間（Time to Profit）
EOL	產品生命週期（End of Life）
C-BOM	概念物料清單（Conceptual Bill of Material）
R-BOM	維修物料清單（Repair Bill of Material）
TTV	產品量產前置時間（Time to Volume）
TTM	上市時間（Time to Market）
DR	設計審查（Design Reviews）
DMU	數位模型（Digital Mock Up）
LT	前置時間（Lead Time）
MPS	主生產計畫（Master Production Schedule）
SCP	供應鏈規畫（Supply Chain Planning）
EC	電子商務（Electronic Commerce）
APS	先進生產計畫與排程（Advanced Planning and Scheduling）
LLC	低階代碼原則（Low Level Code）
EDI	電子資料交換（Electronic Data Interchange）
DB	資料庫（Data Base）
TMS	運輸管理系統（Transport Management System）
GPS	全球定位系統（Global Positioning System）
POS	銷售點系統（Point of Sales）
SQCD	安全、品質、成本、交期（Safety, Quality, Cost, and Delivery）
QC	品質控制（Quality Control）
POP	生產時點管理（Point of Production）
NC	數值控制（Numerical Control）
ELV	廢車輛指令（End of Life Vehicles）
BCM	營運持續管理（Business Continuity Management）
CCS	雲端運算服務（Cloud Computing Service）
PLC	可程式控制器（Programmable Logic Controller）
ICT	資訊與通信科技（Information and Communication Technology）
P2P	對等式網路（Peer-to-Peer）

XLM	緊急轉換及負載管理（Emergency Transfer and Load management）
XHTML	網頁設計語言的一種（The Extensible Hyper Text Markup Language）
IVI	工業價值鏈計畫（Industrial Value Chain Initiative）
RAMI4	德國工業 4.0 參考架構（Reference Architecture Model Industrie 4.0）
IIRA	美國產業互聯網參考架構（Industrial Internet Reference Architecture）
IVRA	日本工業價值鏈參考架構（Industrial Value Chain Reference Architecture）
M2M	機器之間（Machine to Machine）
I/F	界面（Interface）
H2M	人與機器（Human to Machine）
POC	概念驗證（Proof of Concept）
IE	工業製程（Industrial Engineering）
RFID	無線射頻辨識（Radio Frequency Identification）
ST	標準時間（Standard Time）
PERT	計畫評核術（Program Evaluation and Review Technique）
MT	開機時間（Machine Time）
ISLVRC	大規模圖像識別競賽（Image Net Large Scale Visual Recognition Challenge）
5G	第五代行動通訊技術（5th Generation Mobile Networks 或 5th Generation Wireless Systems）
SLAM	即時定位與地圖構建（Simultaneous Localization and Mapping）
DL	數位勞動力（Digital Labor）
HR	人力資源（Human Resource）
QCR	品質控制可靠性（Quality Control Reliability）
PCN	變更通知書（Process Change Notice）
PEN	實驗通知書（Process Experiment Notice）
RPA	製程變更請求書（Request for Process change Action）
TMS	運輸管理系統（Transportation Management System）

國家圖書館出版品預行編目（CIP）資料

圖解 智慧工廠：IoT、AI、RPA 如何改變製造業 /
川上正伸, 新堀克美, 竹內芳久編著 ; 翁碧惠譯.
　-- 初版 . -- 臺北市：經濟新潮社出版：家庭傳媒城
邦分公司發行 , 2020.04
　　面；　公分 . --（經營管理 ; 162）
　譯自：スマート工場のしくみ：イラスト図解
　　IoT、AI、RPA で変わるモノづくり
　　ISBN 978-986-98680-3-7（平裝）

1. 工廠管理 2. 人工智慧 3. 生產自動化

555.6029　　　　　　　　　　　　　　109003599